体教融合下的
青少年全面健康与发展研究

石　陆／著

吉林大学出版社

·长春·

图书在版编目(CIP)数据

体教融合下的青少年全面健康与发展研究 / 石陆著. —
长春:吉林大学出版社,2021.10
ISBN 978-7-5692-9025-7

Ⅰ.①体… Ⅱ.①石… Ⅲ.①青少年教育-健康教育
-研究 Ⅳ.①G479

中国版本图书馆 CIP 数据核字(2021)第 204496 号

书　　名	体教融合下的青少年全面健康与发展研究
	TIJIAO RONGHE XIA DE QING-SHAONIAN QUANMIAN JIANKANG YU FAZHAN YANJIU
作　　者	石　陆　著
策划编辑	代红梅
责任编辑	代红梅
责任校对	柳　燕
装帧设计	马静静
出版发行	吉林大学出版社
社　　址	长春市人民大街 4059 号
邮政编码	130021
发行电话	0431-89580028/29/21
网　　址	http://www.jlup.com.cn
电子邮箱	jldxcbs@sina.com
印　　刷	三河市德贤弘印务有限公司
开　　本	787mm×1092mm　1/16
印　　张	11.5
字　　数	180 千字
版　　次	2022 年 4 月　第 1 版
印　　次	2022 年 4 月　第 1 次
书　　号	ISBN 978-7-5692-9025-7
定　　价	72.00 元

前　言

　　青少年是国家的未来,青少年的健康是国家的财富,也是青少年成长和发展的根基。当前,青少年全面健康与发展已成为国家的重要战略之一。但是我们必须清醒地看到,青少年的健康发展仍然面临着严峻的挑战。近几年的体质监测数据表明,尽管青少年的营养水平和形态发育水平不断提高,但部分体能素质指标下降,青少年体质健康的不全面也影响其各项素质的全面与协调发展。如果忽视青少年的健康,就谈不上全面实施素质教育。"健康第一"是以学生为本、促进学生全面发展的内在要求。我们要从战略高度认识体育对青少年健康的重要意义,认识到学校体育工作的重要性、紧迫性,从而深化体教融合,打通体育和教育之间的壁垒,从体教融合的角度探索全面增强青少年体质,促进青少年全面发展的科学路径。基于此,作者在查阅大量相关著作文献的基础上,精心撰写了本书。

　　本书共有八章内容,第一章是绪论,阐述本书的研究背景、目的、意义、研究内容与方法以及研究现状,以了解本书的研究思路和基本情况。第二章分析体教融合的内涵及其与青少年健康发展的关系,以了解体育、健康教育对青少年健康的影响,把握体教融合下青少年健康发展的现状,从而为探索促进青少年全面健康与发展的体教融合路径提供现实依据。第三章至第六章分别探讨体教融合下青少年身体健康与发展、心理健康与发展、道德人格健康与发展以及社会适应能力的发展。具体从青少年这些素质的实际发展情况及存在的问题出发,结合体教融合理念提出促进各项素质健康与发展的方法和建议,以期提供有效指导和参考。第七章着重在体教融合下对青少年安全教育与管理的内容与方法展开研究,包括校园暴力防范教育、应急安全教育、自然灾害安全教育以及体育运动安全教育,以全方位保障青少年的安全,为青少年健康提供全面保障。第八章分析体教融合下青少年健康成长与发展的科学指南,从运动营养、健康生活方式、防治疾病以及走出运动误区四个方面来为青少年的健康与发展保驾护航。

总体而言,本书具有以下几个特点。

第一,系统性。本书首先通过绪论说明本书的研究思路和研究现状。其次分析体教融合与青少年健康发展的关系;再次以体教融合为背景分别研究青少年身体、心理、道德人格以及社会适应性的健康与发展;最后在体教融合视阈下探讨青少年安全教育及健康成长与发展的指南。总体来看,结构完整,内容丰富,层次清晰,具有较强的系统性。

第二,实用性。本书结合当代青少年体质发展的特征和趋势,以体教融合理念为指导,深入探讨了采用体教融合的方式全面培养青少年健康体质、促进青少年健康成长与全面发展的科学方法和路径。本书融时代性、科学性、实用性于一体,对学校体育教育、家庭及社会教育以及青少年自身均有重要参考价值。

第三,创新性。在全面教育理念下,培养青少年的健康体质及综合素质要注意全面性、协调性,这是现代社会发展和教育改革的要求。为适应该要求,在青少年健康体质和素质培养中要强调体质中各要素的全面健康以及各项素质的全面与协调发展,因此不仅要关注青少年身心健康和身心素质发展,还要重视青少年道德人格及社会适应性的健康和发展。而以往的研究中往往忽视了道德人格健康、社会适应健康也是体质健康的重要组成部分,是青少年全面发展中不可或缺的重要内容。本书突破传统研究的弊端,将青少年道德人格、社会适应性的健康与发展作为单独的章节展开研究,体现了先进性和创新性。

总之,本书在体教融合视阈下研究青少年全面健康与发展,提出了促进青少年全面健康与各项素质综合发展的科学方法和有效建议,希望本书能够为提高我国青少年的健康水平及促进青少年全方位协调发展做出贡献。

本书在撰写过程中参考并借鉴了很多专家、学者的研究成果,在此表示诚挚的感谢。由于作者水平有限,书中难免有不妥与疏漏之处,敬请广大读者批判指正。

作 者

2021 年 7 月

目 录

第一章　绪　论

　　体教融合是促进青少年全面健康发展的有效途径,是当今时代一个重要的议题。我国正积极推进青少年文化学习与体育锻炼的协调发展,实施"四位一体"全面深化改革,充分开发体育育人的多元价值,让广大青少年在体育锻炼活动中享受运动的乐趣、增强个人体质、磨炼意志、培养健全的人格。我国正加速实现在体育、教育、健康多领域的协同治理能力现代化,为青少年的全面健康发展保驾护航。本章作为绪论,简单介绍下"体教融合下的青少年全面健康与发展研究"的研究背景、目的、意义、研究内容、方法、现状,帮助大家对此研究方向有个大致的了解,为接下来的深入研究提供宝贵的思路与经验。

第一节　研究背景、目的及意义

一、研究背景

(一)历史背景

　　在历史的长河中,我国教育部门与体育部门的关系不断发生着变化,青少年、竞技运动员的培养方式也在不断发生着变化。通过回顾不同时期采取的不同培养方式,有助于从整体上把握规律,探索促进青少年全面健康与发展的最佳方式。

　　1.教体一体化阶段的反思

　　20世纪初期,我国的社会局面动荡,长期处于闭关锁国的状态,信息闭塞,缺乏对"竞技体育"的认识、对"体育文化"的传播,缺乏体育事业建设的经验。

1898 年天津各高校联合举办的校际运动会,是我国现代体育竞赛的开端,这一活动有效加强了各校学生之间的交流沟通。随后,各地学校陆续举办校际运动会,并逐渐与国际接轨。我国部分学生运动员积极参与一些地区举办的国际性比赛,当时,领队通常是各校校长,参赛选手大多是从各个学校选拔出来的学生。

教体一体化体现了体育依附于教育部门发展的状况,促进了现代体育在我国的发展,学校培养出的竞技运动员,为我国竞技体育的发展做出了巨大的贡献。但是"教体一体化"模式并没有针对竞技运动员的专门的、系统的培养方法,处于初期的探索阶段。

2. 教体分离阶段的反思

新中国成立初期,我国曾出现"体教分离"的情况。当时,我国照搬苏联的体制,整体的体育工作体制采取举国体制,强调集中力量办大事。为了在国际上扬眉吐气,我国建立了很多的体工队,每位运动员都将"为国争光"作为头等大事。许多青少年早早地脱离校园,接受残酷的专业训练,文化课被彻底荒废,许多运动员被动地接受训练,对体育事业抱有不满的情绪。这种"体教分离"是运动员培养过程中出现的体育和教育两个管理部门的分离,是运动员知识文化学习与体育运动训练的分离,是体育教育和其他各个学科教育的分离。

20 世纪 70 年代末,我国首次出现了集文化课学习、文化课训练为一体的学校,逐渐形成了"体育运动学校—体校—专业队"的"三级训练网"体系。

举国体制和三级训练网体系是我国当时根据自身实际情况实施的正确做法,具有显著的中国特色,发展了我国体育事业,树立了国家形象,提升了国际地位。但随着市场经济愈发繁荣,许多弊端暴露了出来。例如,国家投入大量资金,但是人才的产出量少;体育项目发展不均衡;大量运动员由于训练方法不科学而受伤;职业运动员的就业得不到保障,体育后备人才持续短缺,等等。

3. 教体结合阶段的反思

为培养高水平的运动员,满足我国体育事业发展的需要,教育部门、体育部门逐渐加强合作。党在十二大提出"我国经济体制以计划经济为主、市场经济为辅。"经济体制的改变使得社会对人才的需求有所改变。我国大力提倡、大力支持社会力量共同办体育,政府一家办体育的方式已经成为过去式。然而,一些社会热点事件,例如,全国冠军退役后成为一名搓澡工等类似事件的出现,引发了国家的关注。针对这种现象,党开始强调人才培养需要注重德智体美劳的全面发展,开始重视学校体育。从此,越来越多的学校采用"体教结合"的模式培养全面健康发展的青少年。

然而,经过近30年的发展,我国多种形式的"体教结合"均未取得理想的效果。究其原因,主要在于以下几点。

(1)旧体制阻碍"体教结合"。教育部门对学生的考核方式主要是看学生的文化课成绩,中小学生的培养以服务应试教育、提高学生文化课成绩为主。因此,普通学校没有将重点放在体育学科上,没有制定具体的培养竞技运动员的相关制度。体育部门则依然掌控高水平运动员的选拔,将"为国家拿金牌"当成培养运动员的主要目的,不同运动项目国家队的组建、训练、管理,高级专业赛事的组织、管理,各级主管、教练员的绩效与考核标准依然依赖于运动员最终的比赛成绩、名次。这种做法提高了学生运动员参与重大赛事的门槛,将普通学校的学生排除在竞技比赛之外,在很大出程度上限制了"体教结合"模式的发展。

(2)资金短缺阻碍"体教结合"的进一步发展。专业的体育训练需要营养、医疗、竞赛等资金的大量投入。随着竞技体育的规模越来越大,体育部门的资金存在短缺问题,政府的资金投入有限,要想发展运动项目,必须增加资金投入。而教育部门花经费培养学生运动员,不能通过参加比赛创造经济效益,因此,教育部门在体育教育活动方面的积极性不高。

(二)现今时代背景

1. 新时代青少年面临健康问题

现如今,体育为国争光的属性在一步步弱化,人的属性被日渐重视。我国青少年群体中出现了较为严重的健康问题,引发了社会的广泛关注,社会各界人士纷纷寻找解决办法,试图遏制青少年逐渐恶化的健康状况,促进青少年全面健康发展。

青少年的健康问题主要表现在两个方面:青少年运动员的文化教育问题;普通青少年学生的体质健康问题。青少年运动员的培养过于看重竞赛成绩而忽视文化教育,具有"唯冠军论"的不良导向,导致青少年运动员的文化程度不高,潜能没有得到充分的发挥,许多运动员退役后,难以融入社会。普通青少年学生则恰恰相反,他们受到应试教育的影响,过于看重文化课程的学习,忽视了体育锻炼对个人发展的重要性,导致青少年学生体质状况不佳,患肥胖、近视等疾病的人数逐渐攀升。这种将青少年运动员划分到体育场域、普通青少年学生划分到文化教育场域的做法,使教育与体育之间出现了严重的割裂,教育部门与体育部门之间存在着严重的门户之见。场域壁垒加剧了体育锻炼、文化学习的功利性,与青少年全面发展、健康成长的规律不符,逐渐破坏了学校育人的生态环境。

为解决这一问题,我国教育部门和体育部门进行了诸多尝试。比如,在普通高校试点招收高水平运动员、试办高水平运动队,在体育系统内部建立完整的中专体系,实施体工队"院校化"改革,等等。但这些措施都没能充分地解决青少年学生的健康问题、青少年运动员的全面发展、可持续发展的问题。我国体育、教育部门合作开展了青少年校园足球、阳光体育一小时等活动,取得了一定的成效,但在指导思想、资源融合等方面仍有很大的改进空间,亟须进一步完善。

2. 新时代对我国青少年提出新要求

习近平总书记在新时代强调"以人为本"的发展理念,要求促进青少年的全面发展。"以人为本"就是要坚持以人民为中心的思想,坚持将促进人的全面发展作为体育工作的出发点与落脚点。价值取向的转变赋予了竞技体育新的时代内涵,竞技体育要从以政治为核心的价值取向转变为以实现人的全面发展、发展为了人民群众身体素质和生活质量提高为核心的价值取向。[①] 教育是实现人全面发展的重要手段,学校教育作为现阶段我国主要的教育形式,承担着促进人的全面发展的重任,不仅需要提升人的文化素质、身体素质、心理素质,还需要关注人的道德人格发展、社会适应能力的变化。

---

① 刘爱玲. 新时代我国高水平竞技运动员培养的教体融合模式研究[D]. 南昌:江西师范大学,2020.

学校的教育方针中突出了体育教育的地位,顺应了社会发展与进步的趋势,顺应了"以人为本"的发展理念,对青少年的全面健康与发展起着积极的作用。

3. 新时代学校体育教育工作

目前,学校体育工作中存在着一些问题,比如,对体育教育的重视程度不够、学生体质仍在下降;在体育学校教育中,文化教育依旧薄弱,传统体育学校面临招生难的情况,等等。这些问题的解决需要积极推进体教融合工作。

4. 新时代相关政策的出台

为了解决当前青少年面临的健康危机,促进青少年的全面健康发展,我国教育部门、体育部门、中央办公厅国务院出台了多项改革政策,如《关于深化体教融合促进青少年健康发展的意见》(简称《意见》)、《深化新时代教育评价改革总体方案》《关于全面加强和改进新时代学校体育工作的意见》《关于全面加强和改进新时代学校美育工作的意见》,等等,将体教融合在一起。密集出台的政策、国家领导人的讲话不断强调教育改革的紧迫性、必要性,强调教育的目标是促进青少年的全面健康发展,强调树立"健康第一"的教育理念,将"立德树人"作为当代教育的根本任务。

(三)政策背景

政策背景指决策者将相关政策提上政府议程前,密切关注与了解的历史、现实环境。教育强国政策、体育强国政策促进了《意见》的制定。

1. 教育强国政策指引

中国教育正朝着现代化的方向努力,旨在培养德、智、体、美、劳全面发展的社会主义接班人,实现构建教育强国的目标。现代化教育强调健康第一、立德树人、以德为先,重视学生综合素质的培养,从多方面强化学校的教育工作。习近平总书记在"全国教育大会"发表重要讲话,指出教育是民族振兴和社会发展的基石,要树立"健康第一"的教育理念,开齐开足体育课,以体育人,以德树人,以文化人,提高学生的综合素质,将

"立德树人"融入体育运动、知识传授、道德建设全过程，建立学校、家庭、社会一体化的教育环境，实现德智体美劳五育全面发展的社会主义事业接班人。①

2. 体育强国政策指引

2019年我国颁布的《体育强国建设纲要》中明确指出，体育标志着民族振兴，体育强则中国强。我国需要全面落实全民健身的战略，建设健康中国，制定针对各人群的具体的健康干预计划，将促进青少年的体质健康放在学校教育工作的重要位置。中国重大工程建设的专栏中曾提出制定青少年体质健康发展促进计划，鼓励各校、社会各界积极开展冬令营、夏令营活动，举办体育赛事，组建体育俱乐部，等等。《意见》的制定、"体教融合"的提出受到体育强国政策的指引。

基于教育强国、体育强国的政策背景，全民健康、健康中国等理念的驱动以及体育改革的迫切需求，出台了促进青少年全面健康发展的"体教融合"政策，使得体教融合促进青少年全面健康发展走向国家顶层设计，成为教育改革的重要工作，与体教融合相关的理论、实践研究也变得越来越多，广大教育工作者都对此研究方向感兴趣。

二、研究目的

(一)促进青少年全面健康成长

此研究旨在深入探讨体教融合的内涵，了解"体教融合"的核心内容、健康教育与青少年健康成长的关系、"体教融合"下青少年的发展状况，深化体教融合，促进青少年全面健康成长。

"体教融合"扩大了对象范围的边界，由运动员转向全体青少年，确立了"以体育人"的价值取向，重新梳理了体育与教育的关系，帮助青少年在身体方面、心理方面、道德人格方面、社会适应能力方面得到更加全面的发展。

① 李彦龙,曹胜,陈文静,等. 深化体教融合促进青少年健康发展的政策分析[J]. 哈尔滨体育学院学报,2021,39(02):31-36.

(二)深化体育教育事业改革

体教融合不是简单地将体育归属到教育学科的门类之下,而是充分挖掘和发挥体育的教育功能,培养全面发展的青少年。本书以深化体育教育事业改革为主要目的,考察目前体育治理体系、教育治理体系现状,为体教融合下青少年健康成长与发展提供科学指南与新的方案。

(三)扩大优秀体育后备人才队伍

少年强则中国强,深化体教融合、促进青少年全面健康发展是建设健康中国的必然要求。只有对体教融合下青少年的全面健康发展做深入的研究,真正让"健康第一"的教育理念深入人心,让体育运动和体育竞技比赛在校园里、在青少年中广泛开展起来,才能切实扭转青少年体质健康状况下降的不利局面。若能完成以上几点要求,中国竞技体育自然会有更加坚实的基础、更加肥沃的土壤,品学兼优、德体兼备的高水平竞技人才也会源源不断地涌现出来。

(四)推进体育大国迈向体育强国

体育发展对整个国家、社会的发展起着非常重要的作用,体育是人类文明进步的重要标志,是一个国家综合国力的重要体现,我国要以提升人民体质,提高全民身体素质、综合素质,改善人民的生活质量为目标,从青少年入手,推进青少年的健康与发展,早早意识到体育锻炼的重要性,保证体育事业持续向前发展。使我国早日从体育大国转变为体育强国。

俗话说得好,"一切体育皆大众",大众体育是竞技体育的基础,而竞技体育反过来也能促进大众体育向前发展。只有基础够牢固,竞技体育才能发展得更好。然而,群众体育中最重要的是学校体育,学校体育是群众体育、竞技体育发展的基石。

在"体教融合"的背景下,我国致力于促进学校体育健康发展,从而促进群众体育的繁荣,推进我国逐步从体育大国向体育强国转变。本书从理论角度出发,旨在促进这一转变过程,加速迈向体育强国的步伐。

三、研究意义

(一)理论意义

青少年是祖国的未来、民族的希望,青少年的全面健康发展关系到国家的长远发展。青少年作为我国潜在的体育后备人才,其培养方式一直受到教育部门、体育部门的重视。"体教融合"旨在解决青少年的健康与发展问题,但在"体教融合的"背景下,青少年健康与发展的现实状况、促进青少年健康发展的实施手段与具体培养策略缺乏系统的阐述与深入的研究。本书着力于探究"体教融合"与青少年健康发展的关系,以及"体教融合"对青少年身体、心理、道德人格、社会适应能力等各方面产生的影响,对体教融合下青少年能力的全面发展做了理性的思考,为学界深刻认识"体教融合"的内涵与背景、为科学促进青少年的全面发展提供了理论基础。

(二)实践意义

从体教融合背景下青少年健康与发展的现状、问题、培养方式出发,为教育部门、体育部门完善体育课程建设、体育健康教育,改善学生片面发展的现状提供科学的建议与指导,为具体的体育学科教育的部署工作提供有效的参考,具有一定的实践意义。

第二节　研究内容与方法

一、研究内容

(一)"体教融合"概念的解读

立足于青少年身心的健康发展,提出了"体教融合"这一概念,旨在加强学校的体育教学工作,鼓励青少年积极参与各项体育锻炼。要想推动我国体育事业的整体向好发展,需要在"体教融合"的背景下,以教育为先导,举全社会之力,充分发挥体育的效能。

了解体教融合的实质是体教融合下青少年全面健康与发展研究的一项重要内容,简言之,体教融合的实质是在青少年群体中形成"你中有我、我中有你"的发展策略,共同促进青少年的健康成长。

体教融合具有多种特性,主要体现在全面性、整体性、特色性、战略性上。

(1)全面性主要体现在其根本目标是实现全民教育,培养复合高水平人才。

(2)整体性主要体现在体育课程与教学做到从幼儿阶段开始到老年阶段结束的全学段整体覆盖。

(3)特色性主要体现在探索具有中国特色的竞技体育人才培养模式,实现竞技体育的可持续发展,体育教育的特色化。

(4)战略性主要体现在体教融合对青少年体质健康促进的战略价值,学校体育战略性改革的严峻形势。

(二)体教融合下青少年健康与发展状况

体教融合背景下,青少年健康与发展的方方面面均受到一定的影响(图1-1)。

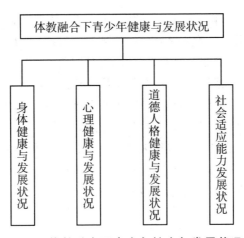

图 1-1　体教融合下青少年健康与发展状况

1. 身体健康与发展状况

青春期少年被称为"花季少年",青春期是一个人生长发育的"关键期""黄金期"。人体的外部结构、生理功能、心理行为在这一阶段都发生着巨大的变化,经历着体格生长加速、内脏器官功能日渐成熟、内分泌功能日渐活跃、生殖系统功能迅速成熟等一系列的变化。

体教融合促进青少年的身体健康,体育教育根据青少年生长发育的特点改善青少年的身体健康状况。特别是对具有形体缺陷的青少年来说,一些运动干预方式十分有效。

2. 心理健康与发展状况

青少年时期是培养心理健康素质的重要时期,青少年的心理健康与发展状况受到人们的高度重视。青少年常出现焦虑、抑郁、社交恐惧、缺乏学习动机等一系列心理问题,如果不及时进行干预与教育,就有可能发展成为较为严重的心理疾病,影响一个人的一生。

体教融合促进青少年的心理健康。学校体育教育与心理健康教育相结合,加速了学校体育心理健康教育的发展,深入了解了青少年心理发展的影响因素,并提出科学的心理调适方法。

3. 道德人格健康与发展状况

处于青春期的青少年自我意识迅速发展、认知旺盛,情绪丰富且不稳定,同时,性机能开始成熟,生理、心理快速发育,处于心理反抗期。道德方面,青少年开始考虑他人、社会同自身的关系,道德认知处于一个由低级向高级的过渡期,具有动荡性和不稳定性。总而言之,青春期阶段青少年的人生观、价值观都处于快速的发展和变化阶段,需要教师、家长、学校的正确引导,以免青少年步入歧途。

体教融合促进青少年道德人格的健康发展。体育教育与思想道德教育紧密结合,贯彻寓教于乐、寓教于体的体教融合育人理念,采取多种手段与方法促进青少年道德人格健康。

4. 社会适应能力发展状况

人具有一定的社会性,需要不断适应所处的社会环境,如家庭环境、集体环境、社区环境,等等。青少年大部分的时间在校园中度过,需要面对学校适应问题。与此同时,青少年善于迎合时代的潮流,有较强的社会适应能力,但是由于年龄尚小、心智尚未成熟,容易在社会适应过程中出现心理、行为问题,如以自我为中心、网络成瘾等问题,阻碍青少年的健康成长。

体教融合有助于青少年社会适应能力的提升。体教融合背景下,体育彰显出独特的魅力,促使人们相聚运动场,打破彼此间的隔阂,建立平等、和谐、亲密的关系。体育锻炼成为促进学生之间人际交往的有效方式,成为一种重要的社会参与形式,青少年在运动场上建立起亲密的伙伴关系,培养了正确的社会价值观。青少年群体共同参与体育锻炼活动、接受体育教育,在一定程度上能够帮助弱势青少年发展社会适应能力。

(三)体教融合下青少年的教育与管理

在体教融合的背景下,校园内势必会增加体育教育活动和运动锻炼活动。体育运动活动不同于在教室内开展的文化课授课活动,其安全性受到了更大的挑战,可能会面临自然灾害、不可控的意外状况、运动受伤等一系列安全问题。因此,需要对青少年实施科学的、系统的、全面的安全教育管理,以保证体育活动长期顺利地开展。

与此同时,适当加强健康饮食、运动营养、伤病防治等知识的普及与教育,帮助青少年走出运动误区,形成更加健康的生活方式。

(四)体教融合下促进青少年全面健康与发展的举措

为了深化体教改革,实现促进青少年全面发展的目标,可以采取多种举措(图 1-2)。

(1)落实习总书记关于体育强国的重要指示,落实全国教育大会的先进精神。

(2)确立体育学科在学校中的地位,加强学校体育工作。体育教育改革任务繁重,且涵盖多个领域,可以分层次开展。最引人注目的举措可谓是将体育纳入初高中的考试范围,开创学校体育新局面。

(3)完善青少年体育赛事体系。改革三级青少年体育赛事体系,分学段、分区域开展竞技比赛,建立青少年四级体育赛事体系,充分发挥体育赛事的引领作用,促进青少年爱体育、懂体育。

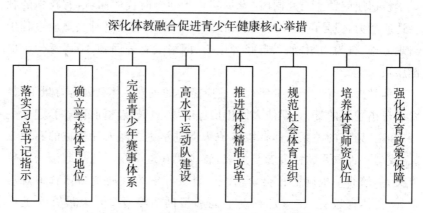

图 1-2 　促进青少年全面发展的举措

（4）加强学校高水平运动队的建设。掌握竞技运动规律，学习竞技体育思想，提高竞技体育水平、文化知识水平，提高学生的综合素质。

（5）推进体校精准改革。鼓励各学校与体校合作，共同致力于培育全面发展的青少年。

（6）规范社会体育组织。鼓励体育俱乐部进入校园，鼓励退役运动员担任校内体育教师。

（7）加强建设体育师资队伍。为优秀的退役运动员、教练员进入学校创造条件。

（8）强化体育政策保障。为普通学校的体育特长生提供优惠政策，加强体育活动的规范管理，等等。

二、研究方法

（一）文献资料法

为了深入研究体教融合下的青少年全面健康与发展，在中国知网数据库、万方数据库、百度学术、谷歌学术等网站上，分别以"体教融合""青少年健康""青少年全民发展"等为主要关键词，检索出相关度高的文章，浏览了多种类型体育学术期刊上的大量文章，阅读了多部著作与文献。与此同时，浏览国家体育总局、中国教育部的官网，查阅了体育、教育相关法规文件,较为详尽地了解了"体教融合"的政策。浏览各地、各校的报道,了解体教融合在各地的开展情况,促进青少年全面健康发展的具体措施,并阅读阐述青少年身心特点的相关书籍,对大量内容进行分类与整理,为本书提供了理论基础。

(二)访谈法

(1)专家访谈法。根据研究的具体内容与目的,设计访谈提纲,邀请有关专家进行网络交流,条件允许的话,实行面谈。请相关专家谈谈体教融合下青少年发展的现状,发展过程中常出现的问题,并且建设性地提出一些促进青少年全面健康发展的举措。从与专家的深入交流中,获得宝贵的经验,为撰写本书提供了思路。

(2)教师、学生、教练员、运动员的访谈。在不同时段、不同地点,利用各种时机,对普通学校内师生、体校内教练员、运动员进行访谈,深入了解不同人群对体教融合、对青少年全面健康与发展的看法。

(三)逻辑分析法

在上述访谈工作的基础上运用逻辑分析法,将搜集到的资料进行比较、分析、总结,得出最终结论,获得研究成果。

第三节 研究现状

一、"体教融合"研究

(一)体教融合培养体系

我国体育、教育界构建出"三大体系"深化体教融合,指导全国各所学校的体育教育工作,促进青少年的全面健康、全面发展(图1-3)。

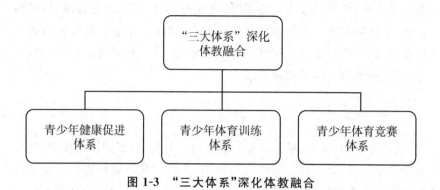

图 1-3　"三大体系"深化体教融合

1. 青少年健康促进体系

青少年健康促进体系的构建需要体育、教育、卫生健康等多个部门的积极沟通与合作,整个体系要充分考虑青少年的健康问题,鼓励具有不同身心特点、目标诉求的青少年参与到日常的体育锻炼中,参与到体育测试、体育竞赛等活动中。体育活动的选择应该能够将大部分孩子包含在内,让体育真正融入学生的生活。学生掌握必备的体育技能、养成终身锻炼的好习惯,能为培养良好的身体素质奠定坚实的基础。除此之外,体育教育部门可以考虑让俱乐部有序进入校园,提升体育教学的质量和水平,并制定相关政策法规规范俱乐部的管理模式与实际行为。

具体工作的实施需要家、校、社达成共识,携手推动青少年健康促进体系的构建,让青少年的健康水平得到真正的提升。

2. 青少年体育训练体系

体育训练体系的搭建需要体育、教育、部门充分发挥各自优势,形成教育合力。长久以来,体校作为体教融合的重要场所,在基层担任着培养竞技体育人才的重任,为我国竞技体育后备人才的培养做出了重要的贡献。但随着时代的进步、社会的发展,体校出现了招生难、出口不畅、运动员运动水平较差等一系列问题。在体育项目培养日趋低龄化的形势下,体育训练不可单纯靠体校,而是需要依靠普通学校、社会俱乐部的共同努力,积极推进各类体校进行改革,着重突出体校的专业特色,建立青少年体育训练中心,配备专业的教练团队、科研团队、医疗保障团队,以多种形式与普通学校进行合作,在力所能及的条件下,为普通学校提供专业的训练场地、教师服务,输送专业的师资等。

国家和有关部门应该充分利用体校改革这一举措,促进体育训练体系的搭建。体校要充分发挥场地、资源优势,走好"两条路":竞技体育后备人才的精英化培养之路和青少年训练中心之路。

3. 青少年体育竞赛体系

竞赛能有效促进青少年参与体育训练,竞赛的真正意义不是要求学生得冠军,而是促进更多孩子在竞赛中挖掘、发挥自身潜力,体验体育运动的魅力。

体教融合"三大体系"相互作用,相互联系,缺一不可。

(二)体教融合方法选择

体育在教育体系中扮演非常重要的角色,需要做好融合发展,从方法层面解决现阶段学校教育中出现的不合理问题。

1. 注重体育人才培养

张瑞林教授在《体教融合视域中的竞技体育后备人才培养》的报告中指出,随着体教融合政策的颁布实施,竞技体育后备人才培养理念、培养模式、培养保障、培养评价等均会成为研究和实践的新课题,中国竞技体育后备人才培养也将会更见成效。[①]

2. 紧跟体育学科发展

体教融合是向大体育、大教育的融合,需要紧跟体育学科的发展,将体育院校与普通高校的学科建设进行融合。充分发挥行业优势和学科特色,服务于体育学科建设。

3. 体现运动效应

体教融合的手段是开展运动活动,通过运动改善青少年的体质,降低青少年群体中慢性疾病、肥胖的发病率。从运动效应的视角出发,运

---

① 李爱群,吕万刚,漆昌柱,等. 理念·方法·路径:体教融合的理论阐释与实践探讨——"体教融合:理念·方法·路径"学术研讨会述评[J]. 武汉体育学院学报,2020,54(07):5-12.

动能够改造大脑,提高脑细胞的活性,帮助青少年集中注意力,减轻焦虑,提高注意力。不同强度、不同类型的体育锻炼会产生不同的运动效应,对青少年产生不同的影响。

4. 解决健康问题

解决青少年的健康问题,离不开国家顶层设计与体教融合。青少年健康已是健康中国战略的重要内容,体教融合也逐渐上升到了国家改革的重大举措层面。

5. 培养核心素质

学校体育工作的重点在于培育学生体育与健康学科的核心素养,其核心素养指学生通过体育学科学习而形成的价值观念、必备品格,其中包括运动能力、健康行为、体育品德三个要素。

(三)体教融合路径创新

1. 推动体教融合与健康促进之间的协同进程

体教融合需要与健康促进协同起来,通过干预运动进程,促进青少年的健康发展。有相关研究结果表明,体能与学习成绩之间存在正相关关系,运动能提升青少年的身体活动水平、智力水平。体教融合与健康促进之间的协同进程能够有效地拓展体育教育的功能,提升青少年的合作精神,养成良好的健康行为习惯。

2. 提升体教融合与育人效应之间的关联水平

体教融合需要实现"育人""育体"两个目标,两个方面的内容缺一不可。育人功能是教育的关键,不仅需要重视知识、技能的教授,还应该关注人的发展(现阶段发展、未来长远发展与全面发展),促进青少年的身心健康、体魄强健、意志顽强。

二、"体教融合"对青少年发展影响的研究

"体教融合"的政策理念彰显了体育的价值,主要表现为体育在育人

过程中的独特价值。学校可以充分利用体育教育培养新一代青少年需要具备的领导力、协作力、抗压力，使青少年真正成为适应社会发展需要的人。"体教融合"旨在打破体育学习与文化知识学习之间的壁垒，强调了体育在青年一代的教育培养过程中有着不可替代的作用。

新一代青年需要具备包括与人合作、问题解决、创新思维、团队精神等在内的核心素养，那么，到哪里去模拟实际问题的解决呢？那就是体育。运用体育去模拟孩子的成长是一种非常好的教育方式。体育模拟了一个有规则、有约束的环境，青少年可以在这个模拟环境中锻炼身体、陶冶身心、公平竞争、充分发挥自身天赋，这种天赋可能是体育运动天赋，也可能是领导天赋、创新创造天赋，等等。体育运动不仅不会影响文化课的学习，反而会对文化课的学习起到一定的促进作用。在学习压力过大时，运动能使脑功能增强，提升学习能力。与此同时，体育在增强学校凝聚力、打造学校文化特色品牌、加强学生的规则意识等方面可以发挥更大的作用。

未来有知识、有文化、体育专长突出的高水平运动员将更加受到社会的欢迎。

第二章　体教融合与青少年健康发展

　　体教融合的概念从国家政策出台到逐步摸索、发展、不断改进和完善，已经走过将近 40 年的历程，在这一过程中，我们的教育部门、体育部门以及其他相关社会组织与机构、企事业单位、团体、家庭和个人，都做出了卓越的贡献，也取得了明显的成绩，但是仍然存在着很多问题，随着社会的飞速发展，固有的教育体制与模式都需要不断地适应新时代的发展需要，为我国青少年的全面健康发展、为我国竞技体育后备人才的培养、为完善我国的体育事业发展做出努力。本章就体教融合的新定位、体育与青少年的全面健康、健康教育与青少年的健康成长以及体教融合视阈下青少年健康发展的种种问题和发展策略详细展开论述。

第一节　体教融合的内涵

一、体教融合的基本概念

（一）对体教融合的不同理解

　　体教融合是我国体育事业实行的一项重要政策，是为了改善由于体教脱节所带来的一系列问题，是促进我国青少年全面健康发展的一项重要举措，是提高竞技体育后备人才的文化素养的有效手段，还是解决运动员退役后顺利就业参加社会建设的有力保障。不过，就目前来看，体育界对这项政策的理解，还存在一些差异，各有不同的侧重，它主要体现在如下几个方面。

（1）体教融合是指教育系统依靠自身的资源优势，培养高水平的运动员和竞技能力强、文化成绩优秀的大学生运动员。

（2）整合体育与教育两个系统的资源，提高效能，形成合力，共同培育竞技体育后备人才。

（3）体教融合的本质就是"专业化的竞技体育与教育的结合"。

（4）体教融合是高度专业化的竞技运动与教育机构的结合。

（5）体教融合是广义的体育与狭义的教育相结合，体教结合中的体育包括群众体育、竞技体育、体育产业、体育人才培养等，是指体育事业发展中所需要和教育结合的内容。

（二）体教融合的基本释义

综合各家观点，体教融合的基本内涵是指广义的体育与广义的教育进行有机的结合。结合学校体育、竞技体育和社会体育各自的特点与不同需求，分别进行有针对性的文化素质教育，它不仅仅局限于学校内的教育，也包括成人再教育系统。总之，是为提高我国青少年全面健康发展、为提高竞技体育后备人才的综合素质、为提高国民整体身体素质和健康水平的一项综合的社会活动。

二、体教融合的新定位

体育既是教育的重要组成部分，也是促进教育整体提升、实现更好的教学效果的重要支持。通过体育锻炼不仅可以培养人的健康体质，还可以磨炼其意志，增强其自信，体育与教育存在着很强的内在联系。在当下的时代背景下，体教融合要符合社会进程的要求，从体育与教育的现实情况出发，不断调整和整合各种资源，找到最佳的切入点和结合点，对体教融合给出具有现实意义的全新定位。

在以往的实践中，体教结合存在着一些模糊或者含糊的边界，会给具体的实施带来一定的困惑。比如，体教结合是"体教结合"还是"教体结合"，体教结合什么时候应该以体为本，什么时候应该以教为重等等。体教结合是顺应时代发展的产物，因此要用发展的眼光理解和解决问题，也需要有大局观，而不受限于体育与教育的约束，在更大的视野和更高的层面看问题，才会找到更符合时代发展意义的新定位。

（一）学校体育与教育的融合

1. 体育是教育的基石

体育是学校教育中的重要组成部分,体育常常起到全方位、多角度地塑造人才的作用,是青少年适应社会发展的必要准备。通过学校的有效组织,带动学生积极参加体育运动,加强身体锻炼并陶冶情操,培养学生的运动兴趣,养成科学锻炼的良好习惯,从而不断提高身体素质,是提高我国的国民身体素质的根本。体育是贯穿人一生的学习和实践活动,人从幼年开始就已经接受体育运动的学习和训练,比如学习走路、跑步,通过观察游戏和运动学习社会规则和人际交往,等等。在青少年阶段,接受学校的基础教育过程中,也是人的价值观、人生观和世界观形成的关键时期。而体育运动是磨炼学生的意志品质,培养积极进取精神的重要途径。通过体育运动,可以让学生身体力行地感受到学习知识和技能的普遍规律,学会设定目标、克服困难,通过坚持不懈的努力最终获得成功。

2. 加强校园体育建设

建设健康、活泼的校园文化。学校可以积极开展各项体育活动、兴趣小组、运动会等,丰富业余文化生活。完善校园的运动场地、设施维护和更新,充分满足青少年学生对体育运动的需求,拓展其运动技能,促进运动水平的不断提高,为我国全民健身事业打下坚实的基础,为国家培养德、智、体全面发展的人才做出贡献。

3. 鼓励高校与运动队联合育人

同时,为了满足教育部门和体育部门就高校和运动队联合育人的目标及理念,鼓励高校和运动队尝试更深层的合作方式,并逐渐摸索出既能保障竞技训练规律又能保障文化教育教学要求的运行机制和管理模式,让运动员在运动生涯中没有后顾之忧,可以全力以赴开拓自己的体育生涯,获得更多更好的运动成绩。在退役后,也有较多的职业选择,可以正常地参加社会竞争,适应社会生活。

（二）竞技体育与教育的融合

提高对竞技体育人才的文化素质教育，是体教融合政策要重点落实的工作内容，是当前体教融合的核心诉求，它基本可以概括为两个方面。

1. 加强竞技体育后备人才的基础教育

通过体育系统与教育系统的资源整合，找到一条或多条解决方案，通力协作为提高我国竞技体育后备人才的综合素质、特别是文化素质教育做出努力。提高运动员的文化素质不仅仅是为了提高运动员的综合素质，符合今日中国社会文明发展的需要，同时，竞技运动员的文化素质也会制约或者促进其运动生命的延长和运动技能的提高。一般而言，具有较高文化知识水平的运动员，在发挥运动潜能、避免运动损伤、情绪控制能力、临场表现以及处理失利等情况的综合能力，都更具优势。

竞技体育人才的培养是我国发展体育强国的核心，是国家的长期战略目标。在国家兴建体育强国目标的初期阶段，由于主客观的原因，没有足够的能力对竞技体育运动员做好文化素质方面的培养工作，这给运动员退役就业以及竞技体育的长远发展都带来了不好的影响。因此，随着国家国力日益强盛，随着社会文明的高速进步，为了我国竞技体育长期、健康、稳定的发展，应该加强对竞技体育后备人才的综合素质培养，这是竞技体育与教育结合的重要方面。

2. 缓解退役运动员的就业压力

体教融合的另一个目标是解决运动员退役后的就业压力。在全球化的大背景下，市场化、职业化已经深入到社会发展的各个领域，竞技体育的发展也逐步进入到市场化和职业化。现代体育高水平竞技体育项目基本上都是职业化的发展模式，职业化就意味着运动员要以训练、比赛为职业，要求运动员全心全意、心无旁骛地投入和付出，需要更加努力和刻苦，需要拼尽全力争取最优表现、获得最佳成绩，这是作为职业运动员的本职工作。在具体实践中，还要考虑到全体运动员的整体情况，无论是哪一种运动项目，具有顶尖水平的运动员毕竟是极少数人群，对于大多数的被淘汰下来的运动员，或者是运动生命结束需要退役的运动员，他们将面临非常现实的就业问题。运动员退役后由于文化基础薄弱,技能单一,年龄上也错过了参加基础教育的最佳时期,他们很难顺利融入竞争激烈的职场,这已经不仅仅是体育与教育的问题,已经成为需要得到足够重视的社会问题。需要体育部门、教育部门以及社会各方面相互配合,群策群力共同解决问题。

除了体育系统和教育系统要加强对竞技体育后备人才的基础教育工作之外,高校也应该制定相应的标准和机制,适当降低门槛,让优秀运动员退役后可以进入高校进行深造,并且有完善的机制作为保障,确保运动员学有所成而非挂名走个过场。另外,设立高校运动队、省市体工队与职业技能学校的联合培养模式也具有相当高的现实意义,体教结合应该体现在各个级别的体育系统或者教育系统中,一方面可以分散和缓解压力,另一方面也可以让各种运动水平的运动员都有合适的学习和训练的组织和环境。另外一方面,体育院校可以针对当前社会体育的发展,开放更多面向社会的课程,不仅开拓了社会体育市场,而且还满足了社会体育发展的需要。

(三)大众体育与教育的融合

社区体育、家庭体育、乡村体育等都属于大众体育的范畴,除了院校体育和竞技体育以外,大众体育拥有更大的人口基数,涉及的范围更广泛,运动形式更丰富多样,组织形式更加灵活机动,是我国发展全民健身运动的重要组成部分,是很多学者专家投入时间和精力去深入研究的领域。它与教育的结合形式主要表现为机动性和灵活性。

1. 社区体育与教育

随着国家的快速发展,我国国民的物质生活水平和精神生活水平不断提高。与此同时,人们在追求成功、追求进步、追求健康等方面都表现出强烈的诉求。特别是随着全民健身活动的热烈展开,大众对体育运动的热情和兴趣逐年上涨,人们希望过上有品质的生活,而运动和健康是品质生活的必要前提。这就对教育提出了全新的要求,这里的教育是广义的概念,并不局限于教育机构和学校里的常规教育,而是指能够提供某种特定的体育知识、技能,特别是具有实践意义、与当下的运动锻炼和生活密切相关的培训、指导或者陪练,等等。人们希望得到体育专业人士的指导和帮助,目前最常见的有两种形式。

（1）体育教师走进社区。由社区组织积极开展社区俱乐部、社区体育赛事,邀请高校的体育教师走进社区,比如在俱乐部授课、培训,或者作为社区赛事的组织者和参与者,担任裁判、教练、顾问等角色,由体育教师普及体育相关的专业知识和技能。这其中既包括新技能的培训、专项技能的提高、避免运动损伤、营养与恢复等这些实践知识,也包括对体育文化精神的普及和传播。

（2）高校面对社会错时开放。在响应国家整合体育资源的号召下,有不少高校开始尝试共享体育设施和资源,在不影响教学任务和目标的情况下,错时开放校园内的场馆设施,让附近社区的居民享受到专业完善的体育设施和先进齐全的体育设备,并且还可能有机会得到专业体育教师的指导。

有些高校也尝试在假期向社会开放一些初级的、普及性质的课程等,这些都是非常成功的大众体育与教育结合的实践尝试。

2. 乡村体育与教育

乡村体育是大众体育中发展较为滞后的部分,这是受到文化、经济和环境等多种因素和条件的制约。但是,在全民健身运动的带动下,乡村体育的发展也得到一定的提高。比如委托社会体育指导员深入基层,号召本地的体育教师积极带动群众进行体育运动、组织体育比赛,等等。让普通群众有机会接触到体育专业人员的指导,是乡村体育发展的重要因素。让生活在教育资源相对滞后的乡村的青少年,可以有机会感受和参与到丰富的体育文化生活。

3. 家庭体育与教育

家庭是社会的最小细胞,家长是青少年的第一任教师,因此,家庭体育的开展或许是体育与教育结合的最小单位。家庭体育运动主要以娱乐、休闲、亲友联谊等形式出现,比如周末的爬山、徒步,或者组织一场球赛,等等。作为家长,应该有意识地培养孩子从小就有自己喜欢的运动项目,养成科学锻炼的良好习惯。家庭体育也是全民健身运动的最小细胞,通过家庭教育和学校教育的结合,更好地促进青少年加强体育锻炼,从小拥有健康强健的体魄。

第二节 体育与青少年全面健康

一、体育与青少年全面健康的概述

(一)青少年全面健康的概念

健康是人类生存和发展的基本前提,不仅仅属于个人,也属于家庭、国家和社会。世卫组织有关健康的定义是:"健康是一种身体上、精神上的完满状态以及良好的适应能力,不仅仅是没有疾病和衰弱的状态。"对于青少年而言,全面的健康应该包括德育、智育、体育、美育等几方面的相互配合和有机统一,是学校在实施教育的过程中,在对学生的教育教学中,从道德品格和精神文明的建设、熏陶和培养,到知识的传授、智商的开发到智识的养成,以及体育运动技能的学习和锻炼习惯的塑造,还有对美的追求和鉴赏、学习和掌握创造美的能力等,应该全都包含在内,而且德、智、体、美并不是各自独立的,而是相互间具有丰富的内在联系,它们会相互影响和激发,也相互促进和制约,因此,在教学中,既要保持各个学科的独立教学,又要善于利用学科之间的联动关系,进行有机的整合,最大效能地促进青少年全面健康地学习和成长。全面健康的青少年应该不仅是身体健康、朝气蓬勃,而且应具有积极向上的价值观,有健康的兴趣爱好,有旺盛的好奇心,拥有良好的文化知识基础,能够辨别善恶美丑,有一定的自制力,能够快速适应不同的环境等。

(二)体育与青少年全面健康的关系

1. 体育可以提高青少年的生理机能

通过体育运动,青少年的各项身体机能都会得到提高。比如耐力素质、速度素质、力量素质、灵敏度、协调性,等等,都可以通过跑步、器械练习、足球、篮球、排球的学习锻炼得到显著改善和提高。同时,在学习掌握特定的运动技能的过程中,还可以有效地增强青少年的生理机能,比如通过长跑、游泳等有氧运动可以大幅提高心肺功能。保持规律、适度的体育运动,可以增强青少年的免疫力,促进骨骼发育、骨骼肌的强壮,等等,这些都对青少年的身体发育起到良好的促进作用。

2.体育可塑造青少年的心理品质

体育还可以锻炼青少年的意志品德、道德情操。体育锻炼的过程往往就是不断地挑战舒适区、克服阻力和困难的过程,只有通过坚持不懈的努力和顽强拼搏才能达成目标。因此,体育锻炼可以起到塑造青少年意志品德的作用,通过体育运动可以培养青少年设定目标、努力拼搏,不断克服困难最终实现目标的能力。让他们学会勇于面对困难、迎接挑战,并且在一次次地锻炼中培养了自信心和坚强的信念,相信自己具有一定的能力,可以通过努力突破一定的阻碍和困难。

二、体育锻炼与青少年身体健康

(一)体育锻炼对青少年生长发育的影响

适当的体育锻炼可以促进青少年身体形态的良好发育。曾有学者对比了百名参加游泳等业余锻炼的少年与没有体育锻炼经历的同龄少年的身体样本,发现参加训练的少年在身高、体重、胸围等方面的增长值显著高于对照组。还有一项对双胞胎的身体素质的对照研究,发现爱运动的一方在身高和体重方面都明显比其同胞兄弟/姊妹生长更快。经过科学实验证明,跳跃性训练有助于青少年的身高发育。中等强度的体育运动有助于生长激素的充分分泌,特别是在生长发育的第二次高峰时,借助科学的增高锻炼方法和手段,可以收到较明显的效果。体育锻炼会增加肌肉群的收缩,从而消耗更多的葡萄糖和脂肪酸,加强新陈代谢作用,促进生长发育。而且还可以减脂,改善身体成分和健康指标,特别是对于营养管理失衡的青少年,由于长期的饮食不当很容易带来肥胖及其相关的健康隐患。总之,对于生长发育期的青少年而言,体育锻炼是促进身体健康生长的重要手段,通过运动可以调节少年儿童先天的体质不足或者后天的体型缺陷,减少或者改善肥胖、体弱、发育滞后等问题。

(二)体育锻炼对青少年生理机能的影响

1. 对神经系统的影响

适当的体育锻炼可以促进大脑和神经系统的良好发育,青少年长期进行体育锻炼,能明显地提高视觉、听觉的反应灵敏度。实验结果表明,体育锻炼对于提高神经系统的强度、均衡性、灵活性和神经细胞耐久性都会起到有益作用。

2. 对心血管系统的影响

儿童早期适当的体育锻炼可以使血管弹性增强。运动的时候会使平时闭合的毛细血管开放,增加血流量,这将有利于代谢功能。体育锻炼可以改善青少年心肌的兴奋性,促进心脏冠状动脉血管扩张,心肌的血流量增加,增强了心肌的营养供应,肌球蛋白的 ATP 酶活性提高,使心肌收缩力提高。

3. 对呼吸功能的影响

早期的体育锻炼还可以使呼吸肌变得发达,增加肺活量,可以明显改善和提高青少年的呼吸功能。有研究发现,在青春期接受游泳训练的女孩较未进行游泳和其他运动训练的女孩的肺总容量大 12%,肺活量大 13.4%,最大吸氧量大 10.2%。

4. 对运动系统的影响

青少年时期身体发育旺盛,如果在这个阶段增加适当的体育锻炼,会对身体发育产生全方位的促进效果。最直接的影响就是通过运动增强身体的新陈代谢,从而有利于骨细胞的增殖、加速钙化,促进骨骼生长,使气管横径增粗,使骨质更坚实,骨重量增加。研究者通过 X 光片观察会发现,青少年运动员股骨的皮质比不参加运动的青少年厚 0.5~3 毫米;骨松质的骨小梁排列也更为整齐,骨骼可以承受更大的压力。另外,运动也可以明显改善骨骼的血液供应,使其得到更充分的营养物质,促使造骨过程加快。同样的道理,运动时血液循环加速促使肌肉获得更多的营养物质,因此肌纤维变粗增大,弹性增强,使肌肉组织变得更发达。骨骼、肌肉组织的增强和发达,必然使青少年的活动能力和耐力都相应地得到提高。

三、体育锻炼与青少年心理健康

(一)青少年心理健康的基本含义

心理健康是指一种高效、满意并且持续的心理状态。狭义上的心理健康指个体的认识、情感、意志、行为、人格能够完整和协调,能够适应学习、工作、生活和集体。心理健康和生理健康互相联系、互相作用。以下是马斯洛和密特尔曼对心理健康的判断方法:

(1)充分的安全感。

(2)充分了解自己,对自己的能力能做出恰如其分的判断。

(3)生活目标切合实际。

(4)与周围环境事物保持良好的接触。

(5)保持个性的完整与和谐。

(6)具备一定的从经验中学习的能力。

(7)保持良好的人际关系。

(8)能适度地表达和控制自己的情绪。

(9)有限度地发挥自己的才能与兴趣爱好。

(10)个人的基本需要应得到一定程度的满足。

对于青少年而言,心理健康是建立在以上的基础之上的,但是又主要集中为有积极的生活态度、和谐的人际关系,对事物具有一定的好奇心,能适应日常的学习和生活,遇到学习和生活上的困难能够积极面对,等等。

(二)体育锻炼对青少年心理健康的影响

1. 体育锻炼可以促进青少年释放情绪

体育锻炼不仅能改善青少年的生理机能,对他们的心理发育和健康也有一定的积极促进作用。例如,体育锻炼可以激发青少年的活力,经常参加体育锻炼的青少年能够体验到运动的愉悦感,缓解学习压力。人在青少年时期,自制力和情绪管理能力都还在学习和锻炼中,相比成年人,青少年往往具有更大、更激烈的情绪波动。因此,通过体育锻炼可以帮助青少年释放情绪,缓解冲动。体育运动可以帮助青少年将情感及时地抒发,对心理保健起到积极作用。当人感到心情舒畅、精神愉快时,中枢神经系统会处于最佳的功能状态,这个时候整个机体都处于协调运作的状态,充满活力,身体自然也会健康。相反,如果个体较长时间处于抑郁状态,就会影响激素分泌,使人的免疫力下降,容易受到疾病的侵袭。

2. 体育锻炼可以增强青少年的心理调控能力

很多球类运动不仅是体能和技战术水平的较量,也在考验着运动员的智能和心理素质。有心理学家指出,人的心理压力是在追逐目标过程中的最大障碍。在一场比赛中,运动水平的充分发挥与否,其中心理因素的影响要占到20%。而顶级水平的运动员在比赛中心理因素的影响却要占更大的比重。在紧张激烈的对决中,采用正确的技战术需要运动员有强大的心理素质,具有超强的抗压能力和调节能力。

在学校体育中,青少年有机会接受多种运动项目的训练和学习,在认真地投入训练和比赛的过程中,不仅仅是对运动技能的提高,同时也使青少年面对压力时,学习心理调控能力。

四、体育锻炼与青少年社会适应

(一)体育锻炼可增强青少年的人际交往能力

经常参加多人的体育项目,比如足球、篮球、排球等还可以培养青少年学习人际交往能力、沟通能力、团结协作能力等。培养他们在集体协作中,具有团队精神和大局观,学会审时度势和知进退,同时也培养了领导力、影响力。懂得奉献精神的可贵,懂得在集体作业中有时为了整体目标而牺牲个人得分,等等。青少年通过参加训练和比赛,一方面锻炼了不断迎接挑战、克服困难的意志品德,另一方面也在学习处理同学、队友和对手不同角色转换时的微妙关系。这些都是对青少年的人际交往能力的最好的锻炼,为日后适应更为复杂的社会关系做好准备。

(二)体育锻炼可增强青少年的竞争意识

学校体育既包含锻炼身体、健体强身的体育运动,也包含竞技比赛的内容,它鼓励青少年努力拼搏、追求胜利,通过与同学的激烈竞争证明自己的实力,这很好地激发和锻炼了青少年的竞争意识。帮助他们在体育锻炼的同时,更有目标感,希望通过不断努力,逐渐提高自己的运动水平、专项技能,从而迎接挑战,赢得比赛。

第三节   健康教育与青少年健康成长

一、健康教育的基本内涵

(一)健康教育的基本概念

青少年的健康教育主要包括健康的生活方式、健康的人格、疾病与预防、体育锻炼和膳食营养等几个方面。健康教育是对青少年全面健康成长的重要保障,是对青少年能够顺利地参加学习、生活、成长以及适应社会的必要教育。应充分发挥学校的教育功能,改善和避免不利于青少年儿童生长发育的影响因素,普及科学合理的膳食营养知识,养成健康的行为与生活方式,以保证他们在人生发育成长的黄金期能够得到科学的指导,为今后能够拥有健康的身体、能够更好地投入到社会生产建设中做好准备。

(二)健康教育的预防作用

健康教育对青少年的健康成长具有强有力的预防保健作用,在学校实施健康教育,对青少年的顺利成长发育具有不可或缺的作用。它可以有效避免青少年成长过程中普遍遇到的身体、心理等方面的疾病，杜绝不良生活方式、加强营养与膳食的管理等，都是切合青少年成长最具体和实在的生活知识与经验，能够起到预防和保健的积极作用。

二、健康教育对青少年健康成长的具体表现

(一)生活方式与青少年的健康成长

生活习惯是构成生活方式的重要因素之一，一般包括衣、食、住、行以及闲暇时间的利用，等等。养成良好的生活习惯是青少年时期的重要任务，它不仅会影响青少年当前的身体发育和健康状况，而且对其以后一生的健康、发展和幸福都会发挥重要的影响。良好的生活习惯是青少年一生的财富，是早起教育的重点内容。

1."莱斯特"健康生活习惯

美国加州大学公共健康系莱斯特·布莱斯诺博士经过 9 年的追踪研究，发现日常的生活方式对健康的影响远远超过药物的影响。据此，莱斯特博士建议要尽早养成下列生活习惯。

(1)每日保证 7～8 小时的睡眠。

(2)有规律的早餐。

(3)少食多餐(每日可进餐 4～6 次)。

(4)不吸烟。

(5)不饮或饮少量低度酒。

(6)控制体重(不低于标准体重的 10%，不高于 20%)。

(7)有规律地锻炼(运动量适合个人的身体情况)。

2. 督促青少年尽早养成健康的生活方式

健康的生活方式会带给青少年健康的身体，但是健康的生活方式的积极效果有可能滞后显现，但不能因此而不重视生活方式的影响。应该尽早认识到生活方式的累积性，从小培养青少年重视健康的意识，养成健康的生活习惯，它实施的越早、坚持时间越长，身体的受益时间就越

长。总之,学校应重视健康教育,督促青少年尽早养成良好的生活习惯。但是习惯的养成需要从意识上引导,进而在行为上规范和纠正,这需要循序渐进地长期进行。

(二)疾病预防与青少年的健康成长

任何急慢性疾病对青少年、特别是儿童生长发育都有一定的负面作用,其影响程度取决于疾病类型、病程长短、疾病的严重程度等,有些病症会严重影响身体机能,破坏新陈代谢,从而影响了儿童、青少年的正常生长发育,甚至对机体造成不可逆的伤害。另外,像脑膜炎、中毒性痢疾肺炎、小儿麻痹等严重的慢性病、流行病和感染性疾病,由于侵犯到大脑皮层细胞,严重影响儿童少年的智力发育。再比如大骨节病、重症佝偻、Ⅰ型糖尿病、先天性心脏病、内分泌障碍性疾病等,由于抑制了下丘脑、垂体、性腺等内分泌功能的正常发挥,会影响儿童的体格和机能发育,严重影响健康和学习生活。因此,关于疾病与预防应该是健康教育中的重要内容,应引起足够的重视。

(三)健康人格与青少年的健康成长

青少年正处于人生的最重要的成长阶段——青春发育期,是儿童向成年的过渡阶段。在儿童阶段,他们的身心成长基本上都是在家长的主导和监护下完成,可以说儿童的衣食住行都离不开家长或者监护人的悉心陪护和照顾。但是,进入青少年阶段一切开始变得不同,他们要逐渐学会自己面对生活中的种种选择,开始自主处理遇到的一些简单的问题。这个时期是青少年身体发育和建构心理机制的重要阶段。特别是心理结构,可以用"急风暴雨"来描述这个时期的青少年的心理活动。他们的内心起伏跌宕,充满矛盾与冲突,他们对世界充满渴望,同时又有太多的未知和担忧。他们生命力勃发,体能与智力飞速成长。然而,就是因为这样的年龄特点,决定了他们情感敏感易爆发,情绪自制力不足,面对求学压力、同伴之间的友情与矛盾、合作和竞争等一系列复杂情感,他们的内心充满着理性与情感的冲突与困惑。而这一切都无不是在塑造他们的人格和性格。

我国正处在社会转型时期,家庭、学校和社会都经历着激荡的社会变革,急剧的转型冲击,各种生存压力、心理不适、对未来的茫然等,都会潜移默化地影响着青少年人群。这时候,学校和家庭要特别留意青少年的心理活动和情绪变化。遇到问题应该及时地进行疏导和干预。特别是近年来由于青少年的学业压力逐年增加,出现了不止一起的青少年自杀事故,不禁令人惋惜和痛心。这时候,需要全社会给予一定的重视,特别是学校,应该承担起主要的责任,对青少年加强健康教育,维护青少年顺利通过人生成长的关键时期,帮助他们养成健康的人格、强大豁达的心理,经受住成长的种种考验,最终茁壮成长为国家和社会需要的全方面发展的人才。

(四)体育锻炼与青少年的健康成长

除了遗传作用以外,体育锻炼是促进身体发育、增强体质的最有效的因素之一。体育锻炼是青少主动地发展健康的有力手段,可以在机体发育的旺盛期,让机体的生长潜能得到更充分的发挥,可以更高效地利用营养物质,促进新陈代谢,从身体机能、系统功能到人体形态、免疫水平等,都得到积极的促进。可以说,在青少年时期进行科学合理的体育锻炼,掌握健康的基础理论知识,对健康成长具有事半功倍的效果,为未来能拥有健康的体魄打下坚实基础。

(五)膳食营养与青少年的健康成长

营养物质是指人体维护生命活动所需要的糖、脂肪、蛋白质、维生素、矿物质和水。青少年通过摄入、消化、吸收和利用食物中营养成分,维持身体生长发育和组织更新,这是一个动态的过程。未来维护青少年的健康发展,应该对其进行适当的营养与膳食的科普教育,让他们了解自己的身体运作机制和能量转换过程,从而对自己的三餐有科学的认识和指导。有不少青少年儿童由于幼年期没有养成良好的饮食习惯,存在挑食或者暴饮暴食的现象,这时候如果能对他们进行一定的关于营养膳食的健康教育,会起到良好的改善作用。青少年已经逐步有了一定的自主意识,他们愿意为自己的健康和身体做出调整和努力,懂得全面摄取营养的重要性。他们愿意为了长得更高、变得更强壮而做出努力和改变。

第四节　体教融合视阈下青少年健康发展的问题与策略

一、体教融合视阈下青少年健康发展的问题

(一)金牌体育使体育远离学生

1. 举国体制使体育运动脱离普通学生

在举国体制主导的竞技体育管理模式之下,以及以"奥运争光"为最高战略目标的早期阶段,我国的竞技体育在国际重大比赛中取得突出成绩,它提高了国家形象,也极大地增强了国人的民族自信心。20世纪80年代以前,我国采取专业化训练管理模式,吸引了大量青少年投入竞技体育,为我国竞技体育培养了众多的优秀人才,推动了体育事业的长足发展。但是,当我国竞技体育不断在国际赛事上取得令世人惊叹的出色成绩的同时,它的弊端也逐步显现。运动员的封闭式、单一式的训练模式,使得体育运动脱离普通学生,似乎体育运动只是运动员的生活方式。

2."早期专项化"模式让家长对职业体育敬而远之

崇尚短期有效的方法。青少年运动员进行"早期专项化"训练,从很早便开始运用成年运动员的训练方法,他们的文化学习被忽视,由此衍生出的退役后就业难题等,都直接或间接地导致体育与普通学生拉开距离。绝大多数的家长都不支持把孩子送进体校,因为孤注一掷地投入到体育专项训练中,势必会影响基础教育、影响文化课的学习,缺少文化基础的将很难在社会立足。因此,人们更希望孩子把主要时间和精力都投入到文化课的学习中去。认为体育只是文化课的补充,是放松活动,是休闲娱乐项目,过多地参与体育活动无异于"浪费时间"。

（二）应试教育使学生远离体育

1. 应试教育下体育课被边缘化

在应试压力下，青少年的文化学习压力逐日递增，学习负担越来越重，甚至有越来越多的青少年都长期处于睡眠不足的状况。全球儿童的平均每天户外活动时间为 3.41 小时，而我国儿童仅有为 0.86 小时；全球儿童平均每天睡眠时间为 10.14 小时，而我国儿童平均每天睡眠时间为 8.84 小时。我国中小学生每天课外写作业的时间是 2.82 小时，是全球平均水平的将近 3 倍。

我国的青少年从睡眠时间不足、玩耍时间不足，逐渐衍生到体育课也被挤占甚至被其他活动取代，这些都严重影响了我国青少年儿童进行体育运动和锻炼的正常需求，对青少年儿童的身体发育和成长带来诸多负面影响。应试教育使学生被动远离体育，让体育运动成为可有可无的选项，他们为文化课、考试成绩、升学压力以及就业压力等一再地让步，这已经逐渐偏离了我国对青少年儿童教育——德智体美全面发展的初衷。

2. 应试教育思想也渗透到体育教学上

应试教育让学生远离体育的另一个表现是体育教学也走上应试模式，即"考什么就练什么"，一切以通过考试为目标，体育课逐步远离了它的本来目标，并不以让青少年学生学习体育知识和运动技能为最高追求，也没有让青少年从小养成热爱体育运动的习惯、培养运动兴趣，以及养成积极进取的拼搏精神。现实情况甚至是为了规避风险、不影响文化课的学习，很多体育课都以"不出汗、不脏衣、不喘气、不摔跤、不擦皮、不受伤、不长跑、无强度、无对抗、无冲撞"的"三无七不"为上课标准。

（三）36 年关于"体教融合"的探索

1985 年，为适应我国竞技体育发展的需要，国家教委和国家体委共同出台了《关于开展课余体育训练，提高学校体育运动技术水平的规划》，此后至今的 36 年间，经过不断地摸索和改进，"以普通高等学校为龙头，逐步完善大、中、小学相衔接的优秀体育人才培养机制"成为主流模式,它试图把传统的竞技体育人才培养模式转变为一种通过教育系统培养竞技体育人才的全新机制,发挥学校体育的教育功能,依靠自己的资源优势,培养高水平运动队和"竞技、学习俱佳"的学生运动员。虽然教育部和国家体育总局出台了一系列政策和制度保障、加强"体教融合"的工作,但是客观上还是存在着很多问题需要解决,由于教育系统和体育系统互不兼容,我国并未形成完备的小学、初中、高中、大学一条龙式的青少年竞赛体系以及与之相配套的训练体系、运动员等级审批制度。这些问题如果不能早日得到解决,那么我国青少年的健康发展将受到威胁,它的负面影响将会一直存在下去。

二、体教融合视阈下青少年健康发展的策略

(一)学校体育是青少年健康发展的重要基础

1. 深化改革发挥体育健身育人的功能

体育教育始终都是我国教育体系中重要的一个组成部分,"体育锻炼和体育运动是加强爱国主义和集体主义教育、磨炼意志、培养良好品德的重要途径,是促进青少年全面发展的重要方式,对青少年思想品德的提升、智力发育、审美素养的形成都有不可替代的重要作用"。习近平总书记曾经指出,"努力培养担当民族复兴大任的时代新人,培养德智体美劳全面发展的社会主义建设者和接班人"。其中,体育是德育、智育、美育的基础,是最直接地磨炼青少年意志品质与坚忍不拔的精神的有效手段;体育还会有效地刺激脑神经的发育,从而锻炼青少年的观察能力、创造能力、记忆能力和分析能力,等等;与此同时,还可以在青少年发育成长的重要阶段塑造他们的形体美、姿态美、动作美等,还可以提高他们的审美能力以,以及培养其创造美的能力。可以说,缺少了体育的教育是不完整的教育,不重视体育的教育是失败的教育。只有足够重视学校体育的教育,以"健康第一"为指导思想,强调学校体育健身育人的功能,改观应试教育的局限思维,培养青少年养成体育运动的良好习惯、养成健康的生活方式,积极参加课外的体育运动项目,把拥有健康的体魄、健美的身材作为自我要求以及人生的长久追求。帮助学生在体育锻炼中

享受乐趣、增强体质、健全人格、锤炼意志。应该加强认识和把握与素质教育相适应的学校体育教育,把实现"两个一百年"奋斗目标作为学校教育、体育教学的指导目标。这需要对我们的学校体育教育工作进行深化改革,更新体育教育理念。

2. 开展课外体育运动系统的建设

大力推动促进青少年体育发展的环境建设,除了传统的学校体育教学,还包括课外体育活动、体育特长的专门训练、体育俱乐部,以及各种级别、各种项目的体育竞赛的协调发展。以多种形式引导和激发青少年对体育运动的兴趣,开发新的益智健体的课外活动,通力改善青少年体育运动的文化环境和客观条件,积极探索体教融合的人才培养体系。完善学校体育教学、训练和竞赛体系。邀请专业的教练员、退役运动员参与学校体育教学的咨询和指导工作,积极开展课外体育兴趣班、俱乐部的建立,让退役运动员有更多的机会和途径参与到国家竞技体育发展建设中来,也让竞技体育后备人才更早地得到教练和专业运动员的指导和训练,让退役运动员尽其所能,让竞技后备人才得其所需,这些都需要尽早建立完备的体教融合体系才能得以实现。

(二)体育赛事是青少年健康发展的重要手段

竞赛是推进体教融合的一个重要手段。

为了完善青少年赛事体系,国家出台了一系列的政策,希望通过政策指导、教育部门与体育部门等的通力协作,能够逐步完善青少年体育赛事体系的建立,为我国青少年健康成长、我国竞技体育后备人才的顺利发展保驾护航。具体的政策如下:

• 2015 年发布的《关于印发中国足球改革发展总体方案的通知》提出:"要注重职业联赛、区域等级赛事、青少年等级赛事、校园足球赛事的有机衔接,实现竞赛结构科学化。"

• 2016 年国家体育总局发布的《关于印发〈青少年体育"十三五"规划〉的通知》中指出,"改革青少年竞赛制度,健全县、市、省、国家 4 级竞赛体系,完善主体多元、形式多样和灵活的赛制。"

• 2019 年国务院办公厅发布的《关于促进全民健身和体育消费推动体育产业高质量发展的意见》提出"以游泳、田径等项目为试点,将教育部门主办的符合要求的赛事纳入运动员技术等级评定体系。"

• 2019年国务院办公厅发布的《体育强国建设纲要》明确提出,推进竞赛体制改革,建立适应社会主义市场经济、符合现代体育运动规律、与国际接轨的体育竞赛制度,构建多部门合作、多主体参与的金字塔式体育竞赛体系,畅通分级分类有序参赛通道,推动青少年竞赛体系和学校竞赛体系有机融合;打破部门界限和注册限制,逐步建立面向所有适龄青少年、不同年龄阶段相互衔接的全国青少年竞赛体系。

在工作的具体落实过程中,需要体育部门和教育部门相互协商与配合,建立组织赛事统一参赛资格注册、统筹运动等级认证程序,以青少年生长发育规律和学校教育规律为重要参考来制定比赛规程、比赛时间和场地,重在鼓励青少年积极参与各项体育比赛,丰富课余文化生活,以公平竞争、刻苦训练为指导思想,培养其养成健康的竞争意识和规则意识。

(三)体育院校应发挥其特有的角色功能

以体校、体育传统特色学校和高校高水平运动队为代表的体育教育机构,是体教融合背景下加强青少年健康发展的另一重要阵地,应统筹布局,力求做到将教育资源利用最大化,为青少年参加体育运动准备多种选择路径,为竞技体育后备人才的培养做好充分的准备。体育部门和教育部门通过整合现有的体校、体育传统特色学校的资源,为培养竞技体育后备人进入省队、国家队做好衔接工作。另外,对体校、体育传统特色学校、高校高水平运动队教练员的教育培训和资格认证做好规范,选拔出我国最优秀的体育人才继续服务于国家的体育发展建设,为提高我国青少年的体育教育水平和竞技体育的后备人才的培养做出贡献。切实推动青少年文化学习和体育锻炼的协调发展、相互促进。引导学生建立自强不息的顽强性格,追求文韬武略式的全方位发展。体育教育应该成为青少年健康成长的基石,在全面健康发展的目标下,体校、体育传统特色学校等应该发挥出其特有的角色功能和重要义务。

(四)鼓励社会组织参与构建青少年体育体系

除了普通院校、体育院校以外,社会体育组织也具有强大的资源和参与欲望。促进我国青少年的健康发展,绝不仅是体育部门和教育部门的事情,它还直接或者间接地涉及社会许多其他组织和部门,如企事业单位、社会组织、社区以及家庭和个人。

2019年,国家发布的《体育强国建设纲要》提出,"进一步发挥体校和社会俱乐部培养竞技体育后备人才的优势"。要使我国的青少年整体得到全面健康的发展,需要依托全社会的力量,构建出适合我国国情、适合目前的教育资源分布情况,以及适应全国各地区不同的发展水平和特点的多元组织体系。这是一个有机的、需要立足于现实情况的发展模式,不能简单生硬地统一规定具体操作方法,需要学校、运动队、社会组织、企事业单位、家庭和个人共同参与和治理,才能建设有生命力的体教融合模式,才能够使其长期的健康发展。在体教融合视阈下,全社会各个组织机构和个人都有义务和责任加入加强青少年健康发展的建设中来,群策群力,为了国家未来的发展,为了祖国青少年能够得到最佳的教育成长环境而齐心协力、共同努力。

第三章 体教融合下青少年身体健康与发展研究

健康的身体是青少年学习、生活和劳动的根本支柱。身体健康是全面健康体系中最基础的组成部分,身体健康是培养其他健康素质的前提条件。因此在促进青少年全面健康与发展中,首先要从身体健康着手。体育融合理论提出了关于促进学生体质健康水平稳步提升的目标,本章在体教融合下研究青少年身体健康与发展对实现该目标具有重要意义。本章主要研究内容包括青少年生长发育的特征、青少年身体健康现状与问题、促进青少年身体健康的运动方略、青少年常见形体缺陷的运动干预方式以及学校体育与健康课程的建设与完善。

第一节 青少年生长发育的特征

一、青少年生长发育曲线图

解剖学专家理查德(Richard)绘制了青少年生长发育曲线图(图 3-1)。由图 3-1 可知,青少年生长发育呈 S 形曲线,反映了青少年体重、骨骼、消化系统、心肺功能等指标的变化。青少年发育过程中有两个快速生长发育期,大脑和神经系统的发育主要在 7 岁以前,神经系统的发育在 5~6 岁时达到了成人的 90%,12~13 岁进入缓慢发展期。

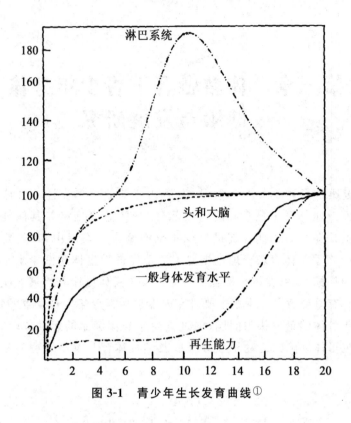

图 3-1　青少年生长发育曲线①

二、青少年身高和体重生长发育特征

　　青少年身高和体重生长发育特征有性别差异,身体发育差异和体重增长差异分别如图 3-2 和图 3-3 所示。通常情况下,男子和女子 10 岁以前身高与体重的增长速度相似。10 岁以后女子身高、体重进入了快速增长期,男子在 13 岁左右进入快速增长期。14 岁时男子平均身高一般高于女子。在生理期过后,女孩身高增长幅度一般不超过 5 厘米,而男子身高生长可以持续到 20 岁。

---

　　①　曲宗湖.青少年学生形体教育[M].北京:人民体育出版社,2002.

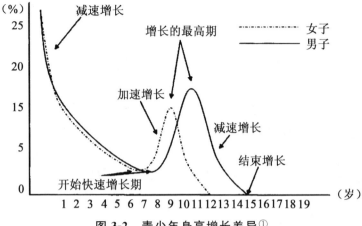

图 3-2 青少年身高增长差异①

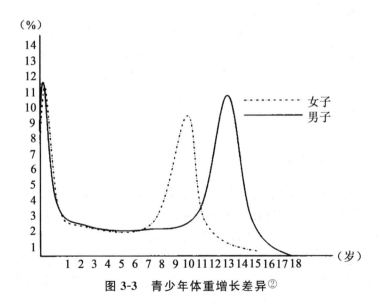

图 3-3 青少年体重增长差异②

---

① 刘丹,赵刚.青少年足球训练纲要与教法指导[M].北京:人民体育出版社,2011.
② 同上.

三、青少年骨骼和肌肉的发育特征

(一)骨骼

青少年的骨骼还在生长发育阶段,软骨钙化和增殖促进了骨骼生长。骺软骨的细胞呈现出肥大、增殖的变化特征,再加上钙盐的沉积,从而促进了骨骼生长。骺软骨的增殖速度随年龄增长而下降,而钙盐随年龄增长以更快的速度沉积。成年后,软骨细胞的增殖速度落后于骺软骨内的沉积速度,介于骨骺与骨干之间的骺软骨完全骨化,随着这一软骨板的骨化,骨骺与骨干也充分融合,骨骼长度固定,身高也暂时固定。

青少年骨骼也在逐渐增粗,原因是骨质外层有钙盐沉积,而这源于骨膜内的造骨细胞。青少年骨骼的生长发育水平和营养、内分泌腺健康、体内微量元素等有关,如果营养不够,缺钙,或发生甲状腺分泌不足等内分泌腺疾病,那么骨骼就无法正常生长发育。所以青少年要想长得高一些,就要通过运动锻炼、补充营养来促进骨骼生长发育。

(二)肌肉

1. 肌肉发育特征

青少年的肌肉中有较多的水分,其他营养素含量较少,如无机物、脂肪和蛋白质。水分多增加了肌肉的弹性和柔软度,但其他营养素分布少影响了肌肉的力量。青少年肌肉中储备的糖原等能源物质较少,和成年人有一定的差距,而且毛细管也较少,所以青少年缺乏一定的肌肉耐力,在肌肉运动中疲劳出现的时间较早。但是青少年疲劳消除和肌肉恢复的速度快,这与其旺盛的代谢有关。

2. 肌肉发育规律

(1)肌肉重量占比不断增加。青少年随着年龄的增加,其肌肉重量在总体重中所占的比例是不断增加的,见表3-1。

表 3-1 青少年肌肉发育规律①

年龄(岁)	肌肉重量占比(%)
新生儿	25.0
8	27.2
12	29.4
15	32.6
18	44.2
>18	45.0

从表 3-1 来看,从出生到 8 岁这个阶段人体肌肉增长速度慢,从 8 岁开始逐渐增快,15～18 岁之间增速很快,18 岁时与成人接近。

(2)肌肉生长速度和骨骼不同步。青少年骨骼的生长速度总是比肌肉生长速度快。男生与女生骨骼快速增长分别是从 13～15 岁、11～13 岁开始,也就是在性成熟阶段。而这个阶段肌肉只是纵向增长,肌纤维细长,但缺乏力量。骨骼生长速度在 16～17 岁以后减慢,这时肌肉横向生长速度才慢慢增加,肌肉渐渐增粗,变得强壮。

(3)肌肉生长发育不均衡。青少年时期,人体不同部位肌肉的生长发育有先后之别,发育较早的肌肉主要是背阔肌、斜方肌、胸大肌、臀大肌等分布在身体浅层的大肌肉,发育较晚的前臂前圆肌、旋前方肌、屈趾肌等基本都是深层小肌肉群。因为肌肉生长发育不均衡,所以青少年时期的运动锻炼不过分强调动作的协调性和精细化,随着青少年年龄的增长,各部位肌肉全面发展,动作才逐渐协调。

---

① 曲宗湖.青少年学生形体教育[M].北京:人民体育出版社,2002.

四、青少年神经系统发育特征

(一)发育较早

人的神经系统从胚胎时期就开始发育了,出生后神经系统的发育比其他系统发育要早一些。人体脑重量在 6 岁时就达到成年期的 90%,12 岁时接近成人。除了重量的增加,大脑皮层内部结构也不断完善,大脑机能逐渐提高。因为青少年神经系统发育较早,所以在青少年时期适合参加对神经系统机能要求高的运动项目。

(二)较灵活

青少年大脑比较灵活,在 10～13 岁时期尤为突出。所以这个时期适合锻炼速度素质和灵敏素质。

(三)兴奋与抑制过程发展不均衡

青少年神经系统兴奋过程和抑制过程发展强度存在不均衡性,这两种大脑机制灵活转换。新生儿时期,大脑皮层以抑制过程为主,睡眠时间多。随着年龄的慢慢增长,兴奋机制唤醒,活动时间增多,睡眠时间减少。6～13 岁时期,兴奋过程占主导,大脑常常处于活跃状态,身体好动,精力充沛。

(四)脑细胞易疲劳

青少年的神经细胞还没有完全发育好,而大脑易疲劳的主要原因是大脑反应能力强。

(五)第一信号系统占主导

青少年第一信号系统的发育领先于第二信号系统,所以能建立具体形象,能较快认识形象生动的事物,但对抽象事物不敏感。所以在青少年运动指导中,适合采用直观法。但为了发展第二信号系统,也要适当将启发法运用其中。

第二节　青少年身体健康现状与问题分析

一、我国青少年身体健康现状与问题

青少年学生体质测试是学校体育工作的一部分,通过开展这项工作,能够了解青少年的体质健康状况和存在的问题,从而有针对性地加以干预。关于青少年体质测试的统计数据显示,大多数青少年学生的身体健康未达到优秀水平,未达到合格水平的学生也占一定的比例。有些指标的测试结果明显下降,包括视力和身体素质中的柔韧素质、耐力素质和力量素质。总之我国青少年学生的身体健康现状令人担忧。

下面简单分析青少年身体健康主要存在的问题。

(一)超重与肥胖

有关测试数据显示,青少年身高体重比例这项指标逐年上升,而且是以比较快的速度上升,超重和肥胖的学生越来越多。

(二)视力不佳

我国青少年视力不良的问题呈低龄化趋势,很多学生从幼儿园开始就出现了视力问题,而且每年都有大量的学生视力检查不合格,这个数量也是逐年上升的。青少年的视力问题中,近视现象比较严重,也有少数弱视。

(三)心肺功能不强,运动能力不高

心肺功能下降也是青少年学生的普遍问题,这与其肥胖、超重等有关。此外,伴随而来的还有运动能力的下降。青少年运动能力下滑影响了其参加体育锻炼的积极性,进而使心肺功能和运动能力的健康问题加重,形成恶性循环,严重影响青少年的健康成长与发展。

二、我国青少年身体健康问题的成因

(一)社会和家庭的影响

青少年的身体健康在社会上没有引起广泛的重视,缺乏促进青少年身体健康的良好社会环境,一些不良社会风气严重影响了青少年的健康成长。

青少年身体健康也受到了家庭环境的影响,家庭结构变化使得青少年得不到完整的父爱和母爱,不仅影响了青少年的身体健康,也影响了其心理健康。此外,家长对青少年文化成绩的重视远远超过体育成绩,家长给青少年报各种文化课辅导班,占用了他们的课余时间,使他们无法参与对身体健康最为有益的健身运动。

(二)教育体制的影响

我国的教育体制决定了应试教育短期内不可能发生根本性的转变,依然会有部分学校按应试教育的模式办学,重文轻体,将体育学科挤为边缘学科,忽视体育教育,从而影响了学生的身体健康。

(三)不良饮食习惯

很多青少年都是家里的独生子或独生女,家庭条件优越,备受宠爱,饮食上尽可能满足其需求,但一些家长的溺爱也使青少年养成了挑食、爱吃垃圾食品、饮食不规律的不良习惯,长期进食垃圾食品必然会损害身体健康。

(四)缺乏锻炼

随着互联网的普及,电脑、平板、智能手机进入青少年的生活,玩电脑、手机等成为青少年度过休闲时间的主要方式,而原来很受青少年喜欢的跳绳、沙包、毽子等有趣的有益于身体健康的运动项目渐渐退出青少年的生活。不健康的生活方式和习惯影响了青少年的身体健康。

第三节 促进青少年身体健康的运动方略

一、促进青少年身体健康的运动项目

(1)改善身体形态的运动项目:改善体格的运动有田径、游泳、健美操等;有利于增高的运动有篮球、跳高等;保持适宜体重的运动有形体训练、功率自行车等。青少年参与这些运动时,以中小强度为宜,每周锻炼3~5次,每次30~60分钟。

(2)增长身体机能的运动项目:增长呼吸机能的运动有滑雪、太极拳等;增长心血管机能的运动有健身跑、跳绳、台阶运动等;增长有氧耐力的运动有踢毽子、滑冰等。青少年参与这些运动时,运动强度保持在130~150次/分,每周锻炼4次左右,每次30~50分钟。

(3)提高身体素质的运动项目:增加力量的运动有网球、呼啦圈等;增加速度素质的运动有立定跳远、短跑等;增加耐力素质的运动有中长距离游泳、登山等;增加柔韧性的运动有健身操、柔软体操等;增加协调性的运动有体育舞蹈、韵律操等。青少年应参与丰富的运动项目,促进各项身体素质的协调均衡发展。此外,青少年要清楚自己哪方面的素质弱一些,从而适当加强锻炼。

(4)改善弱体质和亚健康的运动项目:包括体操、登山、健身走跑、健身操以及常见户外运动等。青少年要坚持锻炼才能取得良好的改善效果,运动强度以中小强度为宜,一周5次左右,每次持续1小时以上。

二、典型体育项目锻炼实践指导

这里主要选取篮球、跳绳、游泳这三项在青少年群体中比较受欢迎的项目来分析其运动方法,为青少年健身锻炼提供实践指导。

(一)篮球

1. 传球

双手胸前传球时,双手体前屈臂持球,传球时,后脚蹬地,身体微前倾,两臂自然伸出,用食指、中指的力来拨球(图 3-4)。

图 3-4　双手胸前传球

2. 接球

双手接球时,两臂伸出迎球,注意高度随来球而定,接球后随球后引、缓冲(图 3-5)。

图 3-5　双手接球

3. 运球

高运球时,稍屈膝,运球手臂前臂有节奏地随拍球动作而自然屈伸,控制球反弹后的高度,基本与胸部齐平(图 3-6)。

图 3-6 高运球

4.投篮

原地右手投篮时,稍屈膝、降低重心,上体前倾,屈臂于体前持球,手腕后仰,然后下肢蹬伸,伸展身体,手臂上举,手腕前屈,最后用右手食指与中指的力投球(图 3-7)。

图 3-7 原地右手投篮

(二)跳绳

1.跳短绳

(1)单人跳。双手握住绳子两端,一脚踩住绳子正中间,屈肘至大小臂垂直,拉直绳子(图 3-8)。可以向前摇绳、向后摇绳、两臂交叉摇绳。跳法有很多,如单(双)脚连跳和垫跳、交换脚连跳和垫跳、跳绳跑和单(双)脚两摇跳和多摇跳。共同点是均为前脚掌蹬地跳起。

图 3-8　单人跳[1]

（2）双人跳。两人相距一定距离手拉手并排而立，外侧手摇绳，摇绳、跳过的动作都是同步的，可以做行进间跳绳练习（图 3-9）。

还有另一种跳法，两人面对面而立，一人摇绳，同伴扶在摇绳者的腰侧，同时起跳。

图 3-9　双人跳

（3）三人跳。一人摇绳，两名同伴分别在其身前、身后站立，一人带两人跳（图 3-10）。

2. 跳单绳

（1）跑过。绳子摇到最高点时，迅速跳过，包括单脚跳、双脚跳、转体跳等。两人或多人跑过时可相互击掌（图 3-11）。

① 吴旭光. 体育·健康促进·安全［M］. 北京：地震出版社，2007.

图 3-10　三人跳

图 3-11　跑过

（2）跳过。绳子摇到最高处，立即进入，绳子摇到最低处时从绳上跳过，可以多人排队依次跳过，也可以多人同时连续跳。跳过绳子的方法有单脚跳、双脚跳、屈腿跳、转体跳等，跳过者也可相互击掌。可以在地上放轻巧物品，练习者跑过后拾物跑出（图 3-12）。

图 3-12　跳过

（三）游泳

以蛙泳为例。

1. 身体姿势

蛙泳时，身体俯卧在水中，身体随着手臂和呼吸动作而有起伏。在完成一次划手、一次蹬腿的动作后，进入短暂滑行阶段，两臂、两腿伸直并拢，稍抬头，身体纵轴与水平面夹角约 5°～10°（图 3-13）。

图 3-13　滑行身体姿势

开始划水时,肩部随划水动作而逐渐升高,肩和头部升至最高点并吸气时,身体纵轴与水平面达到最大夹角(图 3-14)。

图 3-14　划水时的身体姿势

2. 腿部动作

完整的腿部动作如图 3-15 所示。

(1)收腿。膝盖下沉,小腿向大腿靠拢,收腿后大腿与躯干夹角较大。小腿张开,大腿内旋,在翻脚动作即将完成时迅速蹬夹,动作要有一定的力度。

(2)蹬夹水。向后蹬腿时,脚外翻,腰腹发力使下肢慢慢伸直,然后两腿并拢。

(3)滑行。随着惯性继续向前滑,滑行过程中两腿尽量伸直并拢,腿部肌肉和踝关节保持放松,为新的动作周期做好准备。

3. 手臂动作

(1)开始姿势。蹬腿结束后,两臂在体前伸直并拢,十指伸直并拢,掌心朝下(图 3-16)。

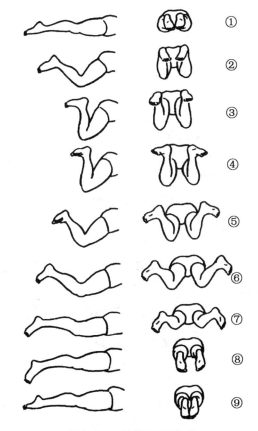

图 3-15　蛙泳腿部动作

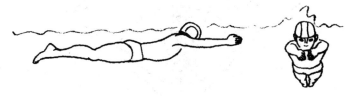

图 3-16　开始姿势

　　(2)抓水。抓水时,前臂先内旋,使掌心向侧、下、后方,然后两臂分开,同时稍勾手腕抓水,感到水的压力时开始向外划水。抓水结束时,两臂分开(图 3-17)。

图 3-17　抓水

（3）外划。完成抓水动作、为划水做好准备后就开始向外划水。两臂向侧外后、下方划水，同时逐渐屈肘，划至最宽点时，两手位于肩的前侧下方，两臂分开形成大约 120° 的夹角，外划动作结束。此时，肘关节弯曲成钝角，两手间距要大于两肘间距，肘高于手，掌心向侧后下方（图 3-18、图 3-19）。

图 3-18　外划

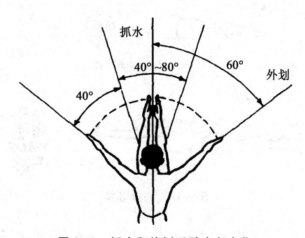

图 3-19　抓水和外划手臂夹角变化

（4）内划。内划是外划的继续，内划时手先向内、后、下方划水，同时前臂稍外旋，使手掌逐渐向后、内、下方转动，两手划至最低点时，两手位于肩的前下方，屈肘成直角，手和肘同时向内、向上运动。内划结束时，两手位于头前正下方,肘低于手,屈肘成锐角(图 3-20)。

图 3-20　内划

(5)伸臂。收手后继续推肘伸臂,伸肩关节的同时伸肘关节。伸臂是两手在下颌下接近并拢时向前伸直,恢复滑行姿势。伸臂时不能有停顿。

4. 配合动作

(1)呼吸与手臂的配合。两臂准备外划时抬头,先呼出小部分气,开始内划时准备吸气,吸气不要太急,尽可能吸满气,然后头没入水中,伸臂滑行时慢慢呼气,为下一次呼吸做好准备。

(2)手臂与腿的配合。手臂外划时,腿放松、自然伸直,内划时收腿和翻脚,手臂即将伸直时再蹬腿。

(3)完整配合。通常采用一次划臂、一次蹬夹腿、一次呼吸,即 1:1:1 的配合形式,先划手,吸、呼气,后蹬夹腿滑行。

第四节　青少年常见形体缺陷的
运动干预方式

青少年在生长发育过程中,因为先天遗传基因、后天营养缺乏、长期身体姿势不正确且未矫正等因素的影响,容易出现身体发育缺陷,主要表现为骨骼发育缺陷和肌肉发育缺陷,常见的畸形有驼背、"X"形腿、

"O"形腿、脊柱侧弯以及扁平足等，一旦发现这些形体缺陷，就必须及时干预和矫正，否则会影响健康成长和外形美观，并给学习和生活造成困扰。形体缺陷最好的干预和矫正方式是运动锻炼方式，本节主要对常见的几种畸形及运动矫正练习法进行说明。

一、驼背的运动干预

青少年在日常生活和学习中形成了低头、窝胸的习惯姿势，长期保持这种不良姿势容易引起驼背，在干预中除了要增强意识外，还要采取必要的练习方法。

（一）方法一

1. 练习准备

两脚平行分开，间距同肩宽，手臂在体后保持握手姿势。

2. 动作要领

抬头挺胸，手臂用力向下伸，肩胛骨充分向后展开，达到最大限度后保持 5 秒钟，然后还原。重复 15～20 次。

3. 动作要求

腹部肌肉收缩，尽可能向前挺胸。

（二）方法二

1. 练习准备

靠墙直立，两脚并拢，两臂落在体侧。

2. 动作要领

头、肩、臀、脚跟与墙面紧贴，挺胸抬头，保持 10 分钟，每天 2 次。

3. 动作要求

背肌收紧。

(三)方法三

1. 练习准备

两脚开立,面对墙,两臂上举,手掌扶墙。

2. 动作要领

尽可能挺胸、抬头、撅臀、塌腰,使胸部与墙面尽可能贴近,最大限度时保持 5 秒钟,还原。重复 10~15 次。

3. 动作要求

整个手臂贴着墙,使胸部尽可能靠近墙面。

二、"X"形腿的运动干预

"X"形腿是指股骨内收、内旋和胫骨外展、外旋而形成的骨关节异常、腿形异常现象。矫正方式如下。

(一)方法一

1. 练习准备

坐在凳子上,将一件软的物品夹在两脚踝间,用力夹紧,脚跟着地。

2. 动作要领

以脚带动腿尽可能向前伸展,保持 5 秒,还原。重复 8~10 次。

3. 动作要求

腿向上向前伸展时,膝盖靠紧。

（二）方法二

1. 练习准备

坐在凳上，两膝外展，脚掌相对，屈臂，手扶膝关节内侧。

2. 动作要领

上体稍前倾，两手掌用力向下压，达到最大限度时保持 2 秒钟，还原。重复 20～25 次。

3. 动作要求

手掌尽可能下压，使大腿外侧尽量靠近地面，两手均匀用力，不可突然用力和突然加大力量。

（三）方法三

1. 练习准备

坐在凳上，右腿屈膝外展，右脚置于左腿膝关节处，左手扶脚跟，右手扶右膝内侧。

2. 动作要领

右手掌用力下压，至最大限度后慢慢还原。另一侧相同。左右算一次，重复 15～20 次。

3. 动作要求

不能用猛力下压膝内侧。

三、"O"形腿的运动干预

"O"形腿的形成与青少年在幼儿时期站立过早、行走时间过长以及长期缺钙等有关。对于这一形体缺陷，应该早发现，早干预。下面介绍几种运动练习方法。

(一)方法一

1. 练习准备

两腿直立,双手叉腰。

2. 动作要领

由直立开始两膝并拢,屈膝,脚内八字,保持 5 秒钟,还原。重复 20～25 次。

3. 动作要求

内收八字时,双膝靠紧。

(二)方法二

1. 练习准备

两脚开立。

2. 动作要领

屈膝半蹲,膝关节内旋,两手压小腿外侧,保持 5 秒钟,还原,放松。重复 12～20 次。

3. 动作要求

半蹲时双膝靠紧。

第五节　学校体育与健康课程的建设与完善

体育和健康这两个概念相对独立,但二者密不可分。体育是学校教育的学科之一,该学科的根本教学目标是增强学生体质,促进学生健康;健康是学校教育的基本目标,学校要采取多种教育手段实现该目标,而体育就是最有效的手段。将体育与健康融合起来设计体育与健康课程，并不断实施与完善该课程，对增进学生健康具有重要意义。

一、体育与健康课程建设的内容

（一）课程目标

课程目标是对课程内容与方法进行选用、设计以及对课程效果进行评价的重要依据。对课程目标进行正确制定，并不断调整优化，能够为课程实施过程提供重要的导向和指引。制定体育与健康课程目标，要参考体育教育与健康教育两个领域的主要目标，要考虑体育与健康教学的特征，同时也要考量学生的健康差异和体育爱好。一般将体育与健康课程目标划分为"学习和掌握体育与健康基本知识、技能和方法"的基本目标及发展和提高体育与健康知识水平、技能水平的发展目标两个层次。不管是哪个层次的目标，都要将体育与健康课程的健康促进功能反映出来，充分发挥这一功能，有效培养学生的健康素养，促进学生身心健康。在课程计划中确定课程目标后，要在课程实施的整个过程中贯穿该目标，坚持在既定目标的正确指引下开展教学工作，少走弯路。

（二）课程内容

课程目标的实现是以课程内容为载体的，在选择与组织课程内容时，要把控好体育与健康知识、技能的广度与深度。具体来说，在课程内容的建设中要注意以下几点要求。

首先，内容完整、全面，既要有体育知识，也要有健康知识，既要有民族民间运动，又要有基础竞技项目，全面的课程内容要为实现课程目标而服务。

其次，内容丰富多样，层次清晰，对必修课程内容、选修课程内容、必学内容、选学内容予以明确，对多元化、多层次的课程内容体系进行构建。

最后，引进外来项目，开发本土项目。可以将时尚流行的外来运动项目纳入课程内容体系中，也要根据地区条件、学校条件开发本土课程内容，在开发过程中注重对传统内容的改革与创新。

（三）课程方法

课程方法指的是课程教学方法，是课程建设中的重要内容，是推进教学进程的必要手段，是实现教学目标的关键。体育与健康课程多在户外或体育场馆实施，教学环境不像室内教学那样相对固定，所以教学过程也充满不确定性。在动态变化的体育与健康课程教学中，为保证教学过程的顺利进行，需要对组织教学策略进行恰当的选用和实施。因此，授课教师要对各种教学方法的特点、效用、优劣势、适用范围进行分析，从而有针对性地选用最合适的教学策略。此外，要对课堂教学规范予以确立，并构建课堂教学模式，从而规范各项教学方法、手段的使用程序，提高课程实施效率。

（四）课程评价

课程评价是评价体育与健康课程的设计与实施过程及效果，检验教学过程是否合理、高效以及教学效果是否达到预期目的。从根本上来说，课程评价都是从价值层面判断课程教学的科学性与实效性，课程评价对提高课程实施质量具有导向作用、激励作用，同时也有对课程实施过程的调控作用。在课程评价体系建设中，要明确评价指标、评价标准，合理选用评价方法，综合运用多种评价方式，从多层面、多角度、多主体出发评价课程实施的过程、师生的表现以及最终的结果。

二、体育与健康课程实施与完善

（一）树立新理念，抓好课堂教学

在全面推进素质教育的今天，体育与健康课程是贯彻素质教育理念的重要表现，这门基础课程在学校教育中具有不可替代性。体育与健康课程主要通过指导身体锻炼和培养健康行为习惯来对学生进行素质教育，培养学生的健康素质及综合素质。在体育与健康课程教学中，学生不可能在少数几次的身体锻炼中就增强体质，养成健康的行为习惯，需要不断重复各种练习才能达到此目标。因此,体育与健康课程在教学时,要将学生放在第一位,动员全体学生积极参与课程教学,确保所有学生在科学的课程教学中都能有所受益,都能收获身体健康、增强体质、行为习惯良好的效果。而要真正实现全面化和普遍意义的教学效果,就要积极落实以下课程的教学。

1. 体育课程

以促进学生身心健康发展作为课程目标,基于对青少年学生生长发育特征、规律、个体差异的考虑而组织体育练习。

2. 体育运动课程

学生学习与掌握运动技能的过程也是其不断接近健康和实现可持续发展的过程。在体育运动课程教学中,要依据运动技能的形成原理、阶段性特征循序渐进地安排运动技能教学,对运动的运动潜能进行挖掘,促进学生运动能力的发挥与提高,丰富学生的运动经验,培养学生终身体育锻炼的意识与习惯。

3. 健康课程

健康课程以增进学生健康为首要目标,全面贯彻"健康第一"的指导思想,给学生传授基本健康常识、增进健康的方式及自我保健技巧,从而提高学生的健康认识水平和自我保健能力。将身体练习贯穿于健康课程中,通过运动促进健康,实现体育与健康的深度融合。

4. 自然、社会体育课程

人类发展的历史也是不断适应自然、适应社会以及与自然和社会保持平衡关系的过程。青少年有很强的可塑性,一定要紧紧结合自然、社会的特性去落实基础教育,让学生在自然环境中锻炼,在社会环境中磨炼,提高学生的健康水平和适应能力。

(二)加强对新课程的管理和研究

"健康第一"是学校教育工作的重要指导思想,学校对学生的健康给予了一定程度的重视。但实现健康目标需要加强营养、减轻学业压力、培养正确作息习惯、加强安全教育、健全医疗卫生服务、开展体育与健康教育等多措并举。虽然体育与健康课程对增进学生健康具有重要作用，但只靠这一途径来实现学校教育的健康目标是有难度的，需要以体育与健康课程教学为主，其他方式为辅，各方面相互配合，共同落实，如此才能更好更快地实现健康目标。这就要求有关部门加强对体育与健康课程的管理和研究，从宏观层面上构建一个内容丰富、途径多样的体育与健康课程体系，将其他健康促进措施纳入该课程中，并继续推进课程的深入改革与创新，从而提高体育与健康课程的质量。

第四章 体教融合下青少年心理健康与发展研究

心理健康对个人和社会的发展都具有重要意义,青少年时期又是人的心理发展的重要时期,青少年本身不成熟的特点容易导致各种心理问题的出现。因此,青少年心理健康问题一直以来都是社会关注的焦点,人们希望通过探索研究寻找到有效方法,对青少年的心理发展进行积极干预。本章将从青少年心理健康概念和标准、青少年心理发展的影响因素、青少年常见心理问题与心理调适方法、学校体育心理健康教育的开展四个方面展开阐述,以对体教融合之下青少年心理健康与发展问题进行研究。

第一节 青少年心理健康的概念与标准

一、青少年心理健康的概念

目前学界尚未对心理健康的概念进行定论,但是比较统一的认识是:心理健康是指一种持续的积极发展的心理状况,这种状况下人们能够做出良好的适应,能够充分发挥身心潜能,而不仅是没有心理疾病。这种认识包含两层含义,其一,心理健康最基础的要求就是没有心理疾病,这个条件是必须存在的;其二,心理健康是一种积极发展的心理状态,也就是说以心理处于最佳状态为目标。

二、青少年心理健康的标准

(一)智力正常

智力是人的记忆力、观察力、想象力、思维能力、实践能力等能力的集合,是指人们认识、理解客观事物并运用知识、经验等解决问题的能力。智力正常指个体具备了生活、学习、工作的最基本的心理条件。目前,人们已经发明了一些智力测试的方法和工具,比如美国的韦克斯勒的智力测验和法国的比内—西蒙的智力量表。世界卫生组织还采用"智商"的概念作为衡量智力的数量化指标,智力正常的最低标准为智商值在 85 以上(包括青少年和儿童),属于心理健康范畴;智商值在 70 以下为低能,属于心理疾病范畴;智商值在 70～79 为智力缺陷,属于心理缺陷范畴;智商值在 130 以上为智力超常,属于心理健康范畴。

(二)适应环境

适应环境是指个体能够通过调整自己的心理和行为而满足客观环境的需要,与环境建立和谐关系的能力。适应环境主要包含以下三个方面的具体表现。

1. 适应自然环境

适应自然环境是人类获得生存的基本要求,一个心理健康的人应该能够适应各种人类能够生存的自然环境,即具备最基础的生存能力。

2. 适应社会人际关系

人是社会动物,在社会生活中无法避免和别人进行交往,因此人际交往能力是人们在社会生活中必须具备的能力。能否适应社会人际关系一般被用来衡量一个人对社会的适应水平,人际交往能力也是判断一个人心理是否健康的重要标准。一个心理健康的人,应该具备和人正常相处的能力。

3. 适应不同情境

这里的情境指的是个体行为发生时的现实环境,从广义上解释包括社会形态、历史进程、国际形势等;从狭义上解释是指比赛、考试等场合,狭义的情境是在广义情境的背景之下发生的。适应不同情境就是指,个体能够在不同的时间、空间保持心理的平稳,充分发挥自己的心理潜能和优势,指导自己的行为,为自己的目标服务。

(三)人格健全

人格也被称为个性,是指人在社会生活中所表现出来的心理和行为特征。人格健全具有以下几个方面的表现。

1. 具有自我扩展的能力

能够培养和发展自己的兴趣爱好,与他人进行往来,参加各种各样的社会活动。

2. 具有与他人交往的能力

能够和社会中的其他人建立健康的亲密关系,在与人交往的过程中保持同理心、同情心,接受别人和自己在思想上的不同,不嫉妒他人,不过分存在占有欲。

3. 具有安全感和认同感

能够在遇到各种事情时保持情绪的稳定,能够接受生活中的挫折和打击,能够认同生活的价值,对生活充满希望。

4. 具有现实性

能够对生活中的各种事物进行清晰的认识,了解其现实状况而不是自己想象的状况,然后做出符合现实的判断和行为,适应各种环境和情境。

5. 具有自我意识

能清楚准确地知晓自己的所有或所缺,能够理解真实的自我与理想的自我之间的差别，也知道自己与他人对于自己认识的差别。

（四）情绪稳定

情绪是指人们在从事某种活动时产生的愉快或者不愉快的心理状态。一般可以从人们的情感表现中判断一个人的情绪是否稳定，如果一个人经常表现出过度愤怒、悲伤或者喜怒无常、悲喜交加等，则说明其情绪不够稳定。情绪上的不稳定还可能会导致出现身体健康问题，如生理机能紊乱、各种脏器疾病等。而一个人如果经常保持精神上的愉悦，情绪起伏也不大，则说明其情绪稳定，有助于身心健康。一个心理健康的人，应该具备调节情绪、使自己保持积极和平稳的情绪状态的能力。

（五）行为协调

这里的行为指的是意志行为，即受到意志支配和控制的行为。一个心理健康的人，其意志应该表现出以下几种特点。

1. 自觉性

自觉性是指个体能够明确界定自己行动的范畴，认清自己行动的目的和意义，并能够为了实现目标和任务而主动地支配和调节自己的行动的心理品质。自觉性是人们支配自己的行为并在完成目标过程中必不可少的心理品质，拥有了自觉性人们才能在清晰认识现实条件的基础上，不受外力干扰地实施行为以完成任务和目标。

2. 果断性

果断性是指个体在对现实状况进行分析的基础上，快速做出决策并且执行的心理品质。果断性是行动力的体现，是一个心理健康的人必备的心理品质之一。

3. 自制性

自制性是指个体能够排除一切干扰因素，坚定地执行已经做出的决策以实现目标的心理品质。自制性要求人们要克服自己的各种负面情绪和行为冲动,主动制止和排斥与执行决定无关的行为,对于人们的发展具有非常重要的意义。

(六)心理平衡

心理平衡是指个体的心理特点符合心理年龄。这涉及两个标准,其一为个体的实际年龄、生理年龄和心理年龄具有一致性;其二为个体在不同的生长发育阶段所表现出来的心理特征应该符合其身份和角色。由以上标准可以发现,人具有三种意义上的年龄,分别是实际年龄、生理年龄和心理年龄。

1. 实际年龄

实际年龄是指,人自出生开始,已经生存的年数,也就是人的自然年龄。

2. 生理年龄

生理年龄是指人在生长发育的各个阶段,机体所表现出来的各种特点。人的生理年龄和实际年龄不一定会保持一致,因为人的生长发育会受到遗传因素、营养因素、生长环境、心理状况等各种因素的影响,从而出现发育提前或者发育延迟的状况。

3. 心理年龄

心理年龄是指人在生长发育的各个阶段,所表现出来的心理特征,这里的心理特征指的是一般的、稳定的、典型的心理特征。人在不同的生长发育阶段呈现出的心理特征也是不同的,比如在儿童时期呈现出生长发育速度缓慢、心理天真活泼的特点,青少年阶段呈现出生长发育迅速、自我意识增强、心理活动剧烈动荡的特点等。人的心理年龄和实际年龄也不一定完全保持一致。

表 4-1 列举了人的一生中所需要经历的各个生长发育阶段与其对应的心理时期。

表 4-1　人的生长发育阶段与其相对应的心理时期①

生长发育阶段	心理时期
儿童阶段	乳儿期
	婴儿期
	幼儿期
青少年阶段（学龄期）	少年期
	青年期
中老年阶段	中年期
	老年期

第二节　青少年心理发展的影响因素

一、生物因素

（一）遗传因素

科学研究证明,遗传因素能够在人的身心发展过程中起到一定的作用,个人的心理健康状况也会受遗传因素的影响。其中,遗传因素在人的心理健康方面产生的最显著的影响为某些精神疾病的发生,临床医学已经证明很多精神疾病的发生都和遗传有关,一些家族中具有精神疾病遗传历史的个体,患精神疾病的概率会远远大于一般人。

（二）内分泌系统的影响

内分泌系统能够通过分泌各种激素对人的生长发育、机体代谢进行调节,还能够通过激素控制人的情绪,使人们呈现出各种不同的心

---

① 冯世杰,张新晖. 青少年心理健康护照[M]. 杭州:浙江大学出版社,2011.

理状态。比如,甲状腺分泌出的甲状腺激素就能够对人的生长发育和心理状态进行影响,当人体中的甲状腺激素不足时,人们就会呈现出骨骼发育不完全,身体矮小,智力低下,反应迟钝的状况;而当人体中的甲状腺激素过多的时候,人们又会呈现出精神亢奋,容易暴躁、愤怒、紧张等状况。

(三)生理疾病

生理疾病也是影响人的心理健康状况的重要因素之一。比如通过对存在心理健康问题的学生进行调查,发现其中曾经患过高热惊厥、头颅外伤或者其他一些疾病的学生所占的比例更大。心理问题还会随着疾病的发展状况发生变化,比如疾病比较轻微时,造成的心理问题一般也会比较轻微,可能只是比较易怒、不安等,而当疾病恶化时,人们的精神问题也比较容易随之加重,变成认知障碍、出现幻觉或者发生攻击行为等。

此外,人们的神经组织会因为受到细菌或者病毒的感染而发生器质性变化,进而导致人们出现心理障碍或者精神失常问题,如果这种状况发生在儿童身上,则有可能导致儿童发育迟滞或者痴呆。除了细菌和病毒感染外,脑外伤、化学中毒也能够造成类似状况。

还有一种特殊的情况,就是孕妇的胎内环境和分娩过程也会对胎儿未来的心理发展状况造成影响。比如孕妇在怀孕期间发生营养不良、吸毒、抽烟、喝酒或者不合理使用药物等状况,或者在分娩时发生早产、难产或者婴儿窒息等状况,都不利于婴儿未来的心理健康发展。

二、环境因素

(一)营养因素

青少年时期是人们生长发育最重要的时期,青少年必须获得充足的营养来支持自己的生长发育,如果出现营养不良状况,不仅会对其身体的生长发育造成不利影响,还有可能会导致各种心理问题的出现。比如,因为长期热量和蛋白质摄入不足而得营养不良症的小学生,早期可能会出现精神萎靡不振、注意力无法集中或者抵抗力下降等状况,严重的情况下还可能会出现恶性营养不良综合征,导致各种功能障碍。

(二)家庭因素

家庭因素在人的心理发展过程中起着至关重要的作用,和谐的家庭关系有助于青少年形成健康的心理状态,而不和谐的家庭关系则很有可能导致青少年发生各种心理问题。在家庭生活中,首先,家长需要处理好各种关系,保持伴侣之间关系的融洽,父母子女之间关系的和谐;其次,家长要对青少年有正确的评价,肯定其长处,指出其短处,帮助青少年形成对自我的正确认识;再者,家长应该充分理解青少年,根据青少年的实际情况对其做要求,防止因要求过高导致青少年产生紧张、焦虑等心理。此外,家庭生活中的一些重大事件对青少年的心理健康也会产生一定的影响,比如亲人去世、父母失业等。

(三)学校因素

青少年时期又被称为"学龄期",即人的整个青少年时期跟学校是分不开的。学校作为青少年学习和生活的主要场所,对青少年的心理发展起着重要的影响。学校因素中对青少年影响最显著的是学校的教育思想、教师的素质、学生之间的人际关系等。

就学校的教育思想来说,一直以来我国学校教育中最难以解决的问题就是过于追求学生的学习成绩而给学生造成过大压力的问题。有些学校片面追求升学率,为了让学生取得更高的分数不断对学生施压,运用题海战术、延长上课时间等手段作为提高成绩的"法宝",使学生长期处于超负荷的状态。这些手段违反了学生的身心健康原则,不仅容易给学生带来近视、颈椎病等身体健康问题,还会导致学生长期处于紧张的心理状态,出现失眠、神经衰弱、精神涣散等问题,不利于学生的身心健康发展。

就教师的素质而言,有些教师身上存在教育思想错误、素质低下等情况,在教学过程中不仅没有起到引导学生健康发展的作用,还有可能会对学生进行体罚、冷暴力等,容易给学生造成心理阴影。

就学生的人际交往关系而言,同学之间的关系是青少年最重要的人际关系之一,能够对青少年的心理发展起到非常重要的作用。首先,青少年时期是一个人从幼稚向成熟转变的时期,正是需要倾诉对象的时期,如果不能和同学进行正常的人际交往,就有可能会因为缺乏倾诉产生心理上的孤独感;其次,青少年时期也是培养与人进行人际交往能力的重要时期,如果在青少年时期没有培养该能力,可能会在今后的社会生活中也无法和人进行正常的人际交往;最后,如果在学校被他人孤立,可能会导致学生出现各种心理问题,不利于学生的心理健康。

(四)社会环境因素

社会环境包括经济环境、文化环境、生活环境等各种因素,这些因素或直接或间接地对青少年的身心发展产生影响。比如,社会意识形态会通过各种媒介信息影响青少年的思想,这也是各国设置电影、电视分级制度的原因;各种社会风气也会通过家庭、社区、同伴、传媒等途径影响青少年,良好的社会风气会引导青少年向积极的方向发展,而不良的社会风气则不利于青少年的身心健康;生活环境也会对青少年的心理发展产生影响,有些调查显示,长期生活在城市的青少年会由于住房单元化的原因缺乏和邻里、同伴之间的交流,不利于其培养人际交往技能。

三、学生自身因素

青少年时期是人们发展的重要时期,这一阶段人们的身体和心理都会发生巨大的变化,在身体上表现为身体发育迅速,逐渐走向成熟;在心理上表现为情感变化激烈,各种情感、意志、需要、动机、性格等都会发生较大的波动和变化。但是由于缺乏社会经验和人生阅历,青少年的思想并不成熟,他们无法正确处理和调节各种情绪,还容易受到别人诱惑和影响,因而很容易偏离正确的道路,出现各种心理健康问题。比如,我们常说的青春期叛逆问题,就是因为青少年的自我意识随着年龄的增长而增强,但是家长依旧采用之前的教育方法,已经不符合青少年这个阶段的思想和个性特征,但是双方又都无法进行调节,没有建立起新的亲子关系,就会导致青少年叛逆心理的出现。

第三节　青少年常见心理问题与心理调适方法

一、青少年常见的心理问题

(一)青少年的心理压力问题

青少年时期是人们成长和发展最重要的时期之一,人们会在这个阶段面临来自社会、学校和家庭各个层面的各种压力。长期处于过大的压力之下不利于人们的心理健康,心理压力问题已经成为当代青少年最突出的心理问题之一。

(二)青少年的自身发展问题

青少年自身发展成熟的标志为主观自我和客观自我的统一,社会自我和人际自我的统一,生理自我和心理自我的统一。但是根据对青少年实际发展状况的调查发现,青少年在实际的发展过程中根本无法做到三个自我的统一。比如有的青少年自身内部存在矛盾,心理成熟程度和生理成熟程度无法匹配,个人期望和个人实际状况不匹配等;有的青少年会受到社会的影响,比如社会价值观、社会流行因素、社会制度、社会评价、社会舆论、社会传媒等,这些因素和青少年自身发展的需求不协调也会导致青少年出现自身发展问题。

(三)青少年情绪困扰问题

由于社会阅历不足,人生经验缺乏,再加上荷尔蒙分泌等原因,青少年时期是人们人生中情绪起伏波动最剧烈的时期,情绪问题也成为青少年最突出的心理问题之一。青少年的身心正处于趋于成熟而又尚未完全成熟的"动荡期",一方面遇到事情无法及时采取有效的手段解决,另一方面对各种事情和各种问题的情绪反应又比较敏感,客观上又受到社会竞争压力大,人际关系紧张,学业或者就业压力大等因素的影响,因而很容易形成各种情绪困扰问题。

(四)青少年人际交往问题

人际交往是青少年适应社会必须面临的一个课题,青少年时期尚处于人际交往的探索时期,难免会受到各种人际交往问题的困扰。人际交往包括亲子交往、朋友交往、异性交往、师生交往等形式,其中青少年同伴竞争引发人际问题是其整个人际交往问题中最具现实性和影响力的心理问题。青少年人际交往中的退缩性人格、交往失调、偏执、过度防卫等是其产生心理问题的主观原因。缺乏社会人际信任、交往技能缺失、沟通障碍、个人主义、社会邻里不和谐等是导致青少年人际交往问题的重要客观原因。

(五)青少年网络成瘾问题

随着社会的发展和网络的普及,网络成瘾问题已经成为当代青少年身上一个非常重要的心理问题。造成网络成瘾现象的主观原因包括自身对诱惑的抵制能力差、天生性格缺陷、希望在网络中逃避现实、没有坚定的人生方向和目标、缺乏自制力等;对造成网络成瘾现象的客观原因包括各方面监管不到位、家长和学校没有给予青少年正确的引导、网络中各种不良文化的刺激等。网络成瘾的后果为,轻者可能会出现精神涣散、孤独、抑郁、大脑机能退化、躯体退化等状况,重者可能会无法分清网络和现实,沉迷色情、暴力等文化,模仿犯罪行为等。

(六)青少年学习心理问题

青少年在社会中扮演的角色一般都是学生,因而学习是青少年的主要任务,青少年出现的很多心理问题都和学习有关。比如学习方法问题、学习时间分配问题、学习成绩问题、考试心理问题等,其中对青少年影响最显著的问题就是学习适应问题。导致学习适应问题的主观因素包括青少年的自身学习动力不足,没有掌握合适的学习方法等,客观因素包括当代学生的学习任务过重,社会竞争过于激烈,家长的过高期待等。

（七）青少年性心理问题

性成熟是青少年发展成熟的重要标志之一。性成熟包括生理结构的发展成熟和心理上的成熟两个方面，只有两者都发展到一定程度，才能算真正的性成熟。研究调查发现，当代青少年在性发展上的特点为：性生理的成熟要比以前平均提早1～2年，而性心理的成熟要比以前平均延迟1～2年。此外，在青少年的性发展过程中，西方开放性文化的传入和性文化在网络等媒介上的传播也对其产生了重要的影响。一方面，生理发展成熟的青少年有了性需求，另一方面，心理发展不成熟容易让他们无法做出正确的判断，再加上各种文化和信息的刺激，青少年很容易在冲动的情况下产生不健康的性心理，如早恋、性变态、性暴露、性犯罪等。在青少年的性心理问题上，最值得关注的就是各种传播媒介的影响，通过大众传媒和网络大肆传播的色情信息容易对心理不成熟、辨别能力差的青少年造成荼毒，使其产生不健康的性心理。

（八）青少年的心理危机问题

心理危机是指人们在各种心理矛盾和冲突实在不能消除或者缓解的情景下瞬间产生的、有严重危害性的突发性心理问题，主要表现包括自残、自杀、伤害他人、杀人等。造成青少年心理危机问题的原因既包括其主观因素，如过于恐惧、矛盾、焦躁、无助等，也包括客观因素，如在学业或者事业上遭受重大挫折，人际关系糟糕，受到伤害或者虐待，坏人教唆引诱、传媒猎奇误导等。

（九）青少年社会化问题

人是社会动物，社会化是人进入社会生活的必然要求，而青少年时期是人社会化发展的重要时期。一个人社会化的标志为，认同社会主流文化、掌握社会规范、遵守社会道德、具有社会责任感。当前，我国青少年在社会化发展过程中存在的问题主要包括社会主流文化认同度不高、对社会规范（如法律、纪律、公德等）的掌握和践行不佳、社会道德感和责任感不强、国家观念、主人翁精神不够等。一方面，青少年正处于社会化发展的过程中，身心尚不成熟，所以会导致其社会化程度不高；另一方面，社会层面对青少年的身心特点以及时代发展特点的研究和了解不足,无法对青少年进行有效引导也是导致青少年在社会化发展过程中出现问题的原因之一。

(十)青少年职业心理问题

青少年的职业心理问题也是青少年发展过程中突出的心理问题之一。一方面,当代青少年的受教育水平普遍提高,这导致他们往往抱有较高的职业追求和职业目标,另一方面,社会竞争压力的增大导致青少年在择业、就业时可能会面临较大的难度,给其造成较大的心理落差。此外,不合理的工作制度,不健康的就业环境,报酬和付出不对等等一系列现实状况,都会导致青少年产生职业问题。青少年的职业问题一般表现为缺乏个人职业规划、职业成熟度低、职业价值观偏离职业现实、职业能力低下等。当前,青少年职业心理问题已经成为一个比较显著的问题,但是我国对职业心理问题的研究还处于相当薄弱的阶段,国家应该及时关注青少年的职业心理问题,并采取有效措施进行积极干预。

二、青少年的心理调适方法

(一)概述

按照现代心理卫生科学的标准进行划分,可以将人们的心理状态划分为心理健康、心理缺陷、心理疾病三个层次,其中心理缺陷和心理疾病都被归为心理不健康的范围。针对这三种心理状态,分别有不同的方法对其进行调适。

(二)心理健康状态及其调适方法

心理健康虽然是一种"健康"的状态,但是世界上不存在绝对的事物,因此这里的健康也只是一种"相对健康"。这也就意味着,即使是心理健康的青少年也可能会存在一定的心理问题,只是相对于心理不健康者来说没有那么严重。因此即使是心理健康的青少年也要经常进行心理卫生保健,如果长期忽视心理健康问题,有可能会从健康的状态向不健康的状态转化。针对健康的心理状态的调适方法主要有以下几种。

1. 增强自我保健意识

对于处于心理健康状态的青少年来说,最需要的就是让他们知道即使没有严重的心理问题,也需要经常进行心理卫生保健,形成自觉培养健康心理的意识。只有这样,才能及时将各种可能向着严重方向发展的心理问题扼杀在萌芽之中,使其始终保持健康的心理状态。

2. 增强心理防卫能力

青少年在成长的过程中,难免会出现个性、行为等方面的不足或者偏差,而想要及时进行纠正,最重要的就是要保证思想的端正,利用思想对行为和个性进行调控,及时控制自己的不良认识、情绪和行为。增强心理防卫能力的方法主要包括定期进行心理健康检测,定期接受心理咨询等。

3. 遵循心理科学原理

遵循心理科学原理是保持心理健康的最基础的要求,只有以心理科学原理为依据,才能认清自身性格上的优势和不足,及时对自己的心理状态进行自我检查和纠正,才能保证自身的心理健康。

(三)心理缺陷状态及其调适方法

人们之所以认为心理缺陷是一种心理不健康的表现,是因为存在心理缺陷的人往往在心理适应、心理调节、心理平衡等方面存在一定的问题,虽然在严重程度上还达不到心理疾病的范围,但是已经偏离了正常的心理发展轨道。

造成心理缺陷最主要的原因是心理发育不健全和不成熟,其主要特征为性格和情感上存在缺陷,主要表现为难以适应社会集体生活,即难以和别人建立正常、健康的人际关系。存在心理缺陷的人往往会由于无法适应社会生活和与别人进行正常人际交往而出现各种身心问题,造成身心功能的紊乱,进而影响其学习和工作,阻碍个人的正常发展。

心理缺陷处于健康的心理状态和严重的心理疾病两者之间,具有非常强的不确定性,在一定程度上会向着另外两种情况转化。如果治疗得当,就有可能会朝着积极的方向发展,转变为健康的心理状态;而如果没有及时采取有效的手段进行干预和治疗,则有可能会朝着消极的方向发展,恶化成为心理疾病。

针对存在心理缺陷状况的青少年,主要有以下几种调适方法。

1. 开展心理教育

在心理问题已经成为一个普遍的社会问题,越来越多的人受到心理问题困扰的今天,开展各种心理教育活动,向广大群众普及心理健康知识已经成为一件十分有意义的事情。针对青少年开展心理教育活动,能够帮助青少年掌握一定的心理健康知识,使其能够利用这些知识对自己的心理健康问题进行识别和判断,进而及时发现自己的心理缺陷,为其及时接受心理咨询和治疗提供了可能,有利于防止其心理状况继续朝着消极的方向发展。

2. 开展心理训练

心理健康教育和心理训练相结合,是解决心理缺陷者向健康状态转化的重要措施。开展心理健康教育解决的是认识问题,只有认清了心理缺陷的危害,才有主动接受心理训练的可能。越早接受训练,越早实现转化。

(四)心理疾病状态及其调适方法

心理疾病是一种不健康的心理状态,根据《中国精神疾病分类和诊断标准》的分类,心理疾病和精神疾病被认为是同一种疾病,其本质都是由于各种原因造成的大脑功能紊乱性疾病。确定一个人患有心理疾病,必须要有专业医生的诊断证书,只依靠个人的行为表现判断一个人是否患有心理疾病是错误的。针对患有心理疾病的青少年,应该采用以下几种方法对他们进行调适。

1. 开展心理训练

开展心理训练的前提是患者已经被确诊,一般来说,确诊的时间越及时,心理训练的效果就越好。面对患有心理疾病的青少年,心理训练必不可少,尤其是针对心理疾病严重程度还比较轻的患者,及时进行心理训练有助于使其转化到心理健康状态。

2．进行心理治疗

心理疾病已经属于疾病的范围，心理治疗是帮助患有心理疾病的青少年恢复痊愈的必要手段。心理治疗的具体内容包括药物治疗、催眠治疗、音乐治疗、叙事治疗等。和心理训练一样，心理治疗也讲究及时性，病患接受治疗的时间越及时则治疗的效果越显著。患有心理疾病的青少年应该在医生的医嘱之下自觉接受心理治疗，要像对待其他疾病一样，认真对待心理疾病，相信医学。

第四节　学校体育心理健康教育的科学开展

一、学校体育心理健康教育的教学策略

（一）要将心理健康教育有机渗透到体育教育中

有机渗透指的是，在将心理健康教育渗透到体育教育的过程中，要注意渗透的时机和内容。体育教师在体育教学的过程中，要注意发掘体育学科内容中能够进行心理健康教育的资源，并且寻找合适的渗透点，以合适的方式使两者结合。此外，一般情况下能够与心理健康教育相结合的内容，应该是体育教学中原本就有的内容，而不应该大费周章地强加上去，否则就丧失了体育教育和心理健康教育结合的意义。

体育学科和心理健康教育之间存在着密切的关系，这也就意味着体育学科中蕴含着丰富的心理健康教育资源，但是这并不能说明体育学科中的随意一项内容或者每一节体育课程都适合与心理健康教育相结合。心理健康教育向体育教育中的渗透必须是有机的、自然的，生硬、僵化的结合不仅无法达到心理健康教育的目的，还有可能会导致学生对这种形式产生厌烦或者抵触心理。

（二）要将心理健康教育适度渗透到体育教育中

"适度"指的是"适时"和"有度"两个方面的要求。

其中,"适时"指的是在体育课程中渗透心理健康教育的内容时,渗透的时间要合适,一是要注意渗透的时机,需要抓住合适的渗透时机,在合适的时间内渗透心理健康教育的内容;二是要注意心理健康教育的时间的长度,切忌喧宾夺主,要保证体育课程的主体地位,心理健康教育的时间应该以 3~5 分钟为佳。

"有度"指的是渗透目标的高度、渗透过程的梯度、渗透结果的效度都分别需要适度。渗透的效果要根据实际状况确定,制定的目标不应该太高也不应该太低;渗透的梯度应该根据学生的实际水平以及学生的心理和个性差异,循序渐进地推进;要对学生进行密切关注,在充分了解学生动态信息的基础上,不断探寻有效的渗透方法,把握合适的渗透时机,保证渗透效果。

(三)要将心理健康教育灵活渗透到体育教育中

在体育教育中渗入心理健康教育不存在一套固定的模式,想要取得理想的渗透效果,必须要讲究一切从实际出发,根据实际状况制定具体的渗透方案。

就渗入的切入点来说,可以以学生为切入点,根据学生的特点和学生的心理健康需求进行心理健康教育;也可以以运动项目为切入点,根据项目所需要的各种品质和心理,对学生进行品德和意志力的教育。

就渗透的形式来说,体育教师既可以抓住不同的时机进行分散式心理健康教育,也可以抓住一次时机集中进行心理健康教育;既可以整个班级集体进行心理健康教育,也可以就部分或者个别同学进行个别心理健康教育;既可以采用全班讨论的形式推进心理健康教育,也可以采用由教师讲解的形式进行心理健康教育。

就渗透的方法来说,包括移情体验法、角色扮演法、认知矫正法、游戏法等。

教师在将心理健康教育渗入到体育教育的过程中,应该防止思想固化,要根据现实的情况和需求,灵活地选择切入点、形式和方法,一方面给予学生更多样化的体验,引起学生的学习热情,另一方面能够保证渗透的合理性,有利于取得理想的渗透效果。

二、学校体育心理健康教育的教学原则

(一)积极情绪原则

教师和学生在课堂上表现的态度和情绪会极大地影响教学的效果。就学生而言,如果学生对课堂充满热情,以积极主动的态度参与课堂,就会将注意力集中到课堂上,并且会活跃自己的思维对课堂教学内容进行思考。这样不仅有利于加深学生对当堂所学内容的理解,而且有利于学生对知识的记忆,能够提升学生的学习效率,使课堂发挥更大的作用。就教师而言,教师如果对课堂充满热情,就会从备课阶段就进行认真准备,也会以提高教学质量为目的,不断进行教学形式和教学方法的探索,努力活跃课堂气氛,不断提高教学效果。

此外,教师和学生两者之间的态度也会相互影响。如果学生拥有极高的上课热情,那么也会带动教师的教学热情;同样,如果教师的情绪非常积极,也很容易使整个课堂的氛围都变得更加积极活跃。

在将心理健康教育渗透到体育教育的过程中,教师要以身作则,保持积极的情绪,并且要采用各种有效措施,激发学生的学习热情,活跃课堂的气氛,以保证良好的教学效果。

(二)体验成功原则

渴望成功是人的天性,成功能够使人体验到努力的价值,增强人的自信,也能够为人的下一步行为提供动力。在教学过程中,除了要让学生掌握所学的知识,也应该让学生体验成功,让学生了解努力学习的价值,为学生提供持续学习的自信和动力。

贯彻体验成功原则,首先是要根据学生的实际状况,引导学生制定合理的目标,目标应该定在学生通过努力可以达到的程度;其次是要根据学生的心理、性格、基础水平等,帮助学生制订科学的学习计划和学习方法;最后要充分发掘学生的兴趣和特长,发现每一个学生心理发展的可能性,并给予正确的指导和培养。

（三）民主自治原则

随着社会发展和教学改革的深入，教师在将心理健康教育渗入体育教育的过程中，应该改变传统的教学观念，贯彻民主自治的原则。首先，要摒弃传统的以"压、罚、训"为主的错误观念，实行民主化管理，培养学生的主动意识和创造意识；其次，在课堂管理过程中，要在搜集班级学生意见的基础上，制定科学合理的行为标准，让学生有"法"可依；再者，在对学生进行教育时，应该以正面教育、肯定为主，消极限制、批评为辅；最后，在学生犯错误时，惩罚应该就事论事，不能将惩罚作为打压学生、报复学生的手段，切忌对学生进行体罚。

民主自治原则是新时代的教学要求，能够在尊重学生的天分和需求的基础上，保护学生的积极性和创造性，对于激发学生的学习兴趣，提升教学效果具有重要意义。

（四）个别辅导原则

学生具有个性化的特点，不同的学生能够表现出不同的心理、性格和兴趣等，并且这些特点还在不断进行动态变化。教师在将心理健康教育渗入体育教育的过程中，应该密切关注学生的心理状态，及时发现他们的心理问题并进行有针对性的个别辅导。学生心理状况会通过学习态度、学习方法、人际关系、情绪状态等表现出来，教师要学会从学生的表现分析学生的心理状况，以作出准确的判断，并采取相应的方法，进行有针对性的辅导，这样才能够帮助学生从根本上解决问题。

三、学校体育心理健康教育的教学途径

（一）体育课程教学

学科教学是学校教育的中心环节，一方面承担着向学生进行学科知识教育的任务，另一方面也是心理健康教育的主渠道之一。体育学科作为学校教育的主要学科之一，自然也需要在教学的过程中渗入心理健康教育的内容。

根据 2021 年修订的《体育课程标准》的要求,体育教学目标共涉及运动参与、运动技能、身体健康、心理健康和社会适应五个方面。其中,心理健康的写入,说明体育学科渗透心理健康教育已经引起教育管理者和体育教育工作者的充分重视,在体育教育中渗入心理健康教学已经成为一种明确的规定。

体育教师要在《体育课程标准》规定的基础上,合理利用体育的心理健康教育资源,寻找心理健康教育的契机,把握教学的最佳时机,对学生进行有针对性的心理健康教育。

(二)课外体育活动

课外体育活动是学校教育中必不可少的内容,它和体育课程教学一起,构成了完整的体育教学过程,对于实现体育教学目标具有重要意义。课外体育活动还是青少年参加体育锻炼活动的重要途径,青少年能够通过课外体育活动增强体质,得以全面发展。此外,课外体育活动还承担着对学生进行素质教育和心理健康教育的重要任务,可以以合理的方法和手段将心理健康教育渗入到课外体育活动中去,使学生在课外体育活动的过程中获得心理健康教育,促进心理健康发展。课外体育活动的形式主要包括课外体育锻炼、课外体育训练、课外体育竞赛等。

(三)营造健康的校园体育文化环境

环境对人的发展具有重要的影响,良好的校园体育文化环境对于开展体育教育活动,推进心理健康教育向体育教育渗透,促进学生身心的全面、健康发展都具有重要的帮助。

在营造健康的校园体育文化环境的过程中,学校的每一位教育工作者都应该参与进来,为努力营造有利于学生身心发展的校园体育环境贡献自己的力量。就学校领导以及各级行政管理人员来说,首先要从规章制度上对营造健康校园体育文化环境的合理性加以体现。其次要制定明确的行为规定,对各项行为和活动加以保障或限制。最后还要为各项设施的建立和各项活动的开展提供服务,为营造健康校园体育文化环境提供基础保障。就学校体育教师来说,首先教师需要做好自己的本职工作,保证体育教学的质量。其次体育教师要积极参与到学校体育文化环境的建设中,推动相关体育活动的开展。就学校班主任来说,首先要给予体育课程充分的重视,保障学生进行体育课程的权利,其次要大力支持学生参加或者举办各项体育课外活动,以促进学生身心的全面发展作为最终目的。

在营造健康校园体育文化环境的过程中,可以采用丰富多彩的活动形式,以吸引学生的兴趣,营造浓厚的体育氛围。主要活动形式包括加强体育教学、开设体育选修课程、成立学生体育俱乐部、举办课外体育竞赛和体育训练活动、开展学校之间的体育文化交流等。

(四)加强体育与健康课程的管理

首先,教育主管部门要加强学校体育与健康课程的建设,对目前学校体育与健康课程标准做进一步的完善,加强国家教材、地方教材和校本教材的建设与管理工作,并及时完善与素质教育和学校心理健康教育相适应的大中小学体育课程指导纲要。

其次,应该加强对体育教师的专业技能培训。体育与健康课程对体育教师提出了在体育教学的过程中进行心理健康教育的要求,这意味着体育教师需要在体育教学能力的基础上,发展实施心理健康教育的能力,因此必须加强对体育教师的培训,培训的重点应该集中在心理咨询、心理辅导的技能与技巧上。

最后,教育主管部门和大中小学校还应该加强对体育教育科研工作的管理。应该组织人力、物力,对学校体育开展心理健康教育进行专题研究,探讨出学校体育开展心理健康教育的途径、方法和有效的教学模式,为学校体育开展心理健康教育,提高学生心理素质水平奠定坚实的基础。

第五章　体教融合下青少年道德人格健康与发展研究

　　青少年是个体接受教育的最佳阶段，是形成正确思想观念和养成良好道德人格的黄金期。当前我国社会道德在某些领域混乱无序，从而导致部分青少年德行缺失。要推进素质教育，促进青少年全面健康，为青少年未来发展打好道德基础，就必须加强关注对青少年道德人格的培养。培养青少年的道德人格离不开道德教育，而体育对人的道德人格也有重要影响，将体育与教育融合起来培养青少年道德人格对促进青少年道德健康具有重要意义。本章在体教融合视阈下探讨青少年道德人格健康与发展，首先阐述道德人格的基本知识。其次分析青少年道德人格的特征与现状。最后基于体教融合视角提出培养青少年健康道德人格的科学路径。

第一节　道德人格概述

一、人格与道德人格的概念

(一)人格概念的多学科界定

　　关于人格的概念与内涵，从不同学科视角出发可以作出不同的解释，下面分析不同学科对人格概念的不同界定。

　　1. 心理学中的人格

　　心理学界一般把人格与个性结合起来进行阐释，指个体整个精神面貌,即具有一定倾向性的,较为稳定的心理素质和特征的总和,表现为人的性格和个性等。

2. 人类学中的人格

人类学认为,人格是人类脱离动物界在生命和思维活动过程中逐渐形成和发展起来的人之所以为人的资格、身份和标志。

3. 社会学中的人格

在社会学中,人格被定义为:成人所具备的个人性格,是个人行为特质表现的统一性和固定性的统合形式。

4. 法学中的人格

法学中,人格是人所享有的受法律保护的尊严和自由权利,是从社会的宏观视野观照与个体权利义务相称的精神特征,如受法律保护的利益、作为权利主体与他人建立起来的社会关系、具有独立法律地位的民事主体及其必备条件的民事权利能力等。[①]

(二)伦理学中的道德人格

伦理学中人格与道德人格的概念与内涵基本等同,定义为通过人的性格、气质、能力表现出来的个人尊严、价值、道德修养、道德境界、道德品质的总和,是通过社会化而形成的具有相对稳定性的个人特征的综合,是由个人的知识、品德、经验、情感、思维方式、价值观念、行为方式等因素构成的有机统一体。[②]

二、道德人格的结构

道德人格的内在构成包括下列三个部分。

---

① 梁晓明,刘德纯,李作栋. 青少年健康道德人格培养新概念[M]. 拉萨:西藏人民出版社,2001.
② 傅永吉,王琪,杨春桃,等. 青少年健康人格与养成[M]. 北京:北京理工大学出版社,2012.

(一)道德准则意识

道德准则意识是道德人格主体从自己对生活的理解出发而确立的为人处世、待人接物的根本态度和立场原则。道德人格主体的严于律己精神从其道德准则意识中突出反映出来,而且这一精神具有高度个性化。道德人格主体一定程度上认同社会道德规划或道德原则,从而形成了道德准则意识。但主体的道德准则意识是个性化和具体化的,是与个体生活经验密切结合的,不像社会道德准则那样普遍而抽象。个体在与他人建立和维持关系以及置身于社会背景下处理相关利益关系的过程中,往往会将自己的道德准则意识作为原则去参考和贯彻。

(二)道德责任意识

在个体道德人格中,道德责任意识居于核心地位,是最深层次的构成因素。个体表现出自觉自主的道德行为主要来源于自身强烈的道德责任意识,个体的自由意志从中得到了突出的反映。个体道德人格的特质不仅体现在个体为人处世的标准和态度方面,即体现在道德准则意识中,而且也表现在个体在待人接物和处理社会利益关系的自我调控中,也就是体现在道德责任意识中。道德准则意识和道德责任意识都能体现出个体的道德人格特质,但载体不同,也有不同的侧重。

(三)道德目标意识

在个体道德人格的内在构成中,道德目标意识作为其中一个重要的组成部分发挥着导向作用和驱动作用。道德目标意识是以理想为核心的,道德人格主体的生活目标、奋斗目标及对未来的愿景和追求在其道德目标意识中得到集中反映。道德目标意识是道德人格主体从自身最根本利益和长远利益出发而建立的一种价值标准,它反映了主体不满意现状和现实,并不断反思,自觉履行职责、完成任务和使命从而改变现状的积极人生态度。道德人格主体拥有丰富而自由的本质力量,其个体意识和实践行为在某种形态上达到了完善而一致的程度,而这主要从其道德目标意识的核心——道德理想中体现出来。人有很多理想,道德理想是集导向性、调节性、内驱力于一体的重要组成部分,在其他理想中深入渗透,对整个理想系统产生重要的影响。

上述道德人格的三大内容构成因素相互之间紧密联系,有机统一,从而构成了道德人格的完整系统,构成了人的内在人格力量。三大要素的相互关系解释如下。

第一,道德准则意识是道德责任意识的直接根据,是道德目标意识的价值基础。

第二,道德责任意识推动个体道德准则意识转化为道德行为(以个体自我调控为手段),同时使个体道德行为中表现出道德理想。

第三,道德目标意识对个体道德准则意识、道德责任意识具有激励和导向作用,引起个体情感波动并形成带有意志性的道德行为习惯。

三、道德人格的特征

道德人格的基本特征表现如下。

(一)意志自主性

个体要成为道德人格主体,必须具备意志独立、自主、自由这一必要条件,这个条件也是判断个体是否为道德人格主体的主要标志。道德意志是道德人格主体的自主自决品质,是理性的人格特征,其形成不以感性世界为依赖。道德人格主体具有意志自由,这是不能被他人所剥夺的,否则就不是真正的道德人格主体,就成为失去道德人格的普通个体。

(二)主体完整性

道德人格主体是由各种各样的成本、因素构成的,这些因素是紧密联系的,是有机统一和不可分割的,这便是道德人格主体的完整性。主体的完整性主要从其拥有完整的道德人格中体现出来。

完整的道德人格具有社会性和个体性的统一、内外统一、知行统一等特征,这些特征又主要通过道德人格主体反映出来。其中社会性与个体性的统一是道德人格在形式与内容上的主要特点,反映了个体与社会是相互影响的,个体既有个体性,也有社会性;内外统一和知行统一是道德人格在道德价值和道德意义上呈现出来的特点,其中内外统一指的是内在人格价值与外在社会价值的统一,知行统一是道德意识和道德行为的统一。

（三）自我同一性

个体具有社会性,而社会生活是动态变化的,但不管社会如何变化,个体的内在品格、道德人格不会发生本质上的改变,这便是自我同一性。道德人格的这一特征具体从下列几方面体现出来。

1. 自我对社会本质的自觉保持

道德人格主体与社会环境存在着深层和本质性的联系,而且要负起对他人和社会的责任,将此作为使命而自觉履行。道德人格主体基于这方面的深刻认知而自觉履行职责。

2. 自我心理认同

在与社会环境建立联系和处理各种利益关系的过程中,道德人格主体根据道德目标意识和道德准则意识在内心世界建立了一个"理想的我",并认可和肯定这个"理想的我",将"理想的我"作为自己的奋斗目标和长远追求,努力成为自己想要成为的那个"我"。

3. 自我表现调控

社会实践是不断变化的,道德人格主体在社会的动态运行中要扮演各种各样的角色,不同角色对主体的职责要求不同,主体在不同角色中为履行不同的职责也要采取不同的行为模式,但角色的转化并不会带来内在心理根本上的变化,不管扮演哪个角色,履行什么职责,主体都要服从自己建立的道德准则,通过自我调控而保持内在意志、责任及目标的相对稳定性。

第二节　青少年道德人格的特征与现状

一、少年期道德人格的特点

从儿童向青年的过渡要经过一个少年期(过渡期)。少年期因为身体发育的突变,对道德人格产生了一定的影响,使少年形成和儿童期不一样的道德人格特征,对少年道德人格发展的特征与动向予以准确的把握,有助于对少年进行更有针对性的道德教育,从而完善青少年的道德人格。下面从五个方面分析少年道德人格的特点。

(一)道德人格认识的特点

和儿童期的道德人格认识水平相比,少年期有了明显的进步。进入少年成长期后,人体身心发育突变,对道德人格认识也产生了重要的影响,这种影响主要表现为道德人格认识和儿童期相比更加独立和积极主动,而且少年对自己的道德尊严比较关注,通过积极主动的道德人格认识来表现自己的道德尊严。具体来说,少年期的道德认识在认识层面上不再像以前那样容易情感冲动,游戏色彩也淡化了,主观意识有所增强,开始主动思考。少年渐渐摆脱了儿童期的孩子气,对于自身对他人的责任,自身在集体和社会中的义务有了一定的认识,力图在集体和社会中将自己的力量表现出来。这时候要培养少年的道德人格,就要适当组织一些集体活动和社会公益活动,让孩子们在活动中主动展现自己的力量,自觉用社会道德人格标准约束和规范自己的行为。

少年开始对人的内心世界、思想品质有了一定的认识,这也是道德人格认识在少年期呈现出来的一个特征。少年对自己的内在世界主动了解,对他人的思想品质主动去认识,并对自己的个性品质进行自觉评价,同时也评价他人。相对来说,少年对自己的评价在内容上不如评价他人那样具体和丰富,在形式上不像评价他人那样独立。少年刚开始基于别人对自己的评价而进行自我评价,自评具有模仿性。此时,家长和教师要正确评价少年的品德和行为,对少年自我评价和评价他人进行正确的引导,使少年对自己的道德人格有准确的认识,并了解他人的道德人格,发现差距,取长补短。这将积极促进少年道德人格的健全和发展。

少年对自己或他人的道德人格进行评价难免会有片面性、主观性,而且动摇不定,这与其年龄特征有直接的关系。对此,教师要正确引导,提高少年自我评价和评价他人的客观性、全面性及稳定性。

(二)道德人格信念与理想的特征

少年期逐渐开始形成道德人格信念、理想,世界观的建立还处于萌芽阶段。少年因为身心发育、知识渐渐增长、生活经验逐渐增加的原因,自信心也越来越强,突出表现为认为自己的潜在力量要比实际能力大。所以,少年的道德人格信念具有情感色彩丰富、冲动性强的特征。有的少年过于自信,脱离实际去做一些超出自己能力的事,结果往往是力不从心,做不到,做不好。对此,教师要引导少年立足实际而选择自己能胜任的事情去做,或做一些稍微有难度但自己只要努力就能完成的事情,从而使少年的道德人格行为不仅是积极主动的,而且是客观的,有原则的。

道德人格理想与道德人格信念之间的联系非常密切,少年的理想人格往往是在某个领域非常优秀的成功者,是光辉的道德人格形象,这个形象是具体的,是实实在在存在的。因此这个时候展开道德教育,就要多采用讲述法来讲述伟人或在某个领域非常杰出的人才的英雄事迹、光辉事迹,使少年心中树立起榜样的形象,模仿理想人物,朝着这一理想而努力。

(三)道德人格情感的特征

少年时期人的道德人格情感发展速度很快。少年往往拥有丰富的情感,激情澎湃,但又常常表现出冲动的一面。对于少年道德人格情感的这些特征,教育者需要针对这一特点,教师要加强正确的引导,使少年先形成正确的思想认识,然后建立理性的道德人格情感,使理智融于道德情感中,减少冒失与冲动。有些少年尽管道德情感表现出冲动性,但也常常能对自己的情感进行合理控制,行为较为理智。例如,少年称赞和积极拥护道德模范行为,对真实道德事迹中的英雄人物和模范人物很向往。同时,他们也会指责不道德的行为,会批判不道德的事迹,厌恶言行举止不道德的人。可见,少年在评价他人行为时,已经尝试将社会道德标准作为自己的评价标准了。这一点要引起教育者的注意,要继续宣传和普及社会道德标准和行为准则,强化少年的道德意识,提升少年的道德评价能力。

少年时期,因为身心发育突变,所以开始萌发了异性爱慕的情感,这是少年道德人格情感的一个突出特征。人体生长发育中,从性的萌芽到性的成熟,中间必然要经历一个过渡阶段,而少年正好处于这个过渡期。在这个特殊的生长发育阶段,少年渐渐体验到了男女有别,面对异性时产生了害羞、爱慕等情感。然而,因为少年身心发育不成熟,年龄小,尚且不能谈恋爱,更不能结婚,所以他们渐渐萌芽的性欲和社会法律及道德观念构成了激烈的矛盾。这就要求教育工作者、家长和社会将成长期的生理卫生教育、法制教育、道德教育重视起来,使少年掌握科学的生理卫生常识、基本的社会法制和道德知识,使其正确认识性发育,对异性之间的友情形成正确的认识,对异性情感进行理性、恰当的处理,当自己处在情感困境中时,能够自觉参照相关法律和社会道德标准来约束自己的言行,做一名遵纪守法、道德人格健康的好少年。

(四)道德人格意志的特征

少年道德意志的发展速度远远超过了儿童期,具体从其自主独立的行为、强烈的自信、在困难中表现出来的勇敢精神中体现出来。少年的意志力主要从实实在在的行动中体现出来,具体是从行动内容和方式中体现出来的。少年往往会被道德信仰崇高的活动所吸引,并积极主动参与这样的活动,在集体活动中展现自己的高尚道德和意志品质。但如果少年参加的活动中并不具备崇高的道德信仰,那么其在非道德活动中的积极行为也就出现了道德方向的偏差。对此,教育者要对少年参加的活动把好关,要用充满道德的行为来吸引少年,在集体活动中和逆境中对少年的意志品质进行培养。

少年往往将意志顽强的英雄视作自己的榜样,并效仿这些英雄行为,将他们作为自己努力的目标。这也是少年道德人格意志的一个特征。根据这个特点,教育工作者和家长可以多给少年讲一些英雄模范事迹,重点描述英雄人物在艰难境遇中是如何百折不挠、坚韧不屈、顽强抗争、坚持不懈的,从而使少年深受启发。此外,学校或社区也可以组织一些有益于锻炼意志的活动,使少年在实践中锻炼自己的意志品质,实现意志的升华。

(五)道德人格行为的特征

对少年进行道德教育,最终是为了使少年养成良好的道德行为习惯。少年要先形成道德认知、道德信仰、道德情感、道德意志,最终将这些转化为道德行为,养成良好的行为习惯。养成这一习惯的少年,其道德行动往往是自然而然发生的,具有持久性和经常性,而且在采取这些行动前进行了深思熟虑。少年言行是否一致、是否做到了表里如一,这直接反映了其道德行为习惯是否已形成。也就是说,少年道德行为习惯的养成关键在于道德人格认识和行为的结合。

少年道德认识与行为的结合主要有以下几种情况。

第一,言行一致。少年的道德认识与行为高度一致,即言行一致,表里如一。

第二,道德人格认识水平低,且没有表现出良好的道德行为,对自身言行的约束力和控制力较差,难以对自己和别人的道德人格作出客观而准确的评价。

第三,道德人格认识水平高,也了解道德行为准则和要求,但知而不行,实际行动往往不符合道德人格标准,而且不道德的行动都是有意识地表现出来的,存在这类问题的少年就是社会上常说的"问题少年"。

第四,具备一定的道德人格意识,基本知道道德人格标准和要求,但没有深入而透彻地理解这些标准,没有能力基于道德人格认识而做出相应的道德行为,或者说想要做出规范的道德行为,但缺乏知行统一的能力。这类少年占比较大的比例。

总的来说,真正能够做到言行一致,道德人格认识和行为高度契合的少年还不够多,言行脱节或道德人格认识水平和行为水平都不高的少年占有一定的比例。针对这些问题,要继续加强道德人格教育,提升少年的道德人格认识水平、行为能力以及知行合一的能力,使少年养成言行一致、表里如一的好品质。

二、青年期道德人格的特点

青年期道德人格是在少年期道德人格发展的基础上及新的生活条件下形成和发展起来的。下面依然从五个方面来分析青年道德人格的特点。

(一)道德人格认识的特点

青年人道德人格认识发展的一个突出特点是他们要求并且能够独立地评价自己和他人的道德人格。青年人的思维能力达到成熟水平,抽象概括能力、辩证思维能力得到较好发展。这时不仅能够深刻地、概括地、批判地独立分析自己和他人的个性品质,而且能够从道德品质和政治品质的高度分析自己与他人的品质。但是,青年初期与中、晚期相比,对品德认识的水平是有差别的。尤其在青年初期(高中阶段),对道德人格的认识不够深刻、全面,缺乏批判性和自我分析能力,青年中、晚期才逐渐达到成熟水平。

(二)道德人格信念与理想的特征

青年人的抽象思维和辩证逻辑思维日趋成熟,他们的世界观和人生观开始形成。青年初期开始形成世界观、人生观的一些观点,青年中期这些观点不断丰富,青年晚期基本形成了世界观和人生观。青年人世界观和人生观形成的一个重要标志是他们开始明确自己的理想和信念,并将自身的理想和信念同自己心中理想的英雄人物的崇高事迹联系起来。

在青年人的信仰和理想中,英雄人物为理想和信念而献身的精神占居首位。用英雄模范人物教育青年人更易被他们接受,不过青年人学习英雄不像少年儿童那样简单模仿,而是在独立分析和判断的基础上进行具有创造性的学习。

(三)道德人格情感的特征

青年人的道德人格情感逐渐趋于成熟,他们可以控制自己的感情,并能自觉培养高尚的情操,能比较适当地评价自己和他人的道德人格行为。青年人的情感比较丰富,容易激动,但能控制自己的情绪和感情。教育者要培养他们对情感的自控能力,使其减少情感冲动和盲目。

下面从五个方面来分析青年人道德人格情感的特征。

1. 理智感

青年期理智感的发展渐渐成熟。他们能够用科学知识分析和判断思想言行,产生满意或不满意的感情体验。理智感的深度与人的知识和智力发展水平密切相关。只有当人的知识和智力水平同自己的理想、信念相联系,成为自身立场、观点和思想方法体系的一部分的时候,才能产生理智感。如果青年人知识贫乏,理智感就很难形成。这是教育者要特别注意的。

2. 道德感

青年人的道德感进一步发展,青年初期已初步形成一定的道德观念和道德感;青年中、晚期,道德观念和道德感日趋成熟,逐步成为其自我意识倾向和人生观的组成部分。青少年对社会不道德行为感到愤怒和厌恶,也有少数青年尚且缺乏正确的道德观,不仅不谴责社会上的不良行为,甚至还会支持、参与,走上犯罪道路。因此教育者、家庭、社会要继续加强对青年人的道德人格教育。

3. 责任感、义务感

青年人的责任感、义务感在迅速发展,在教育的影响下,他们渐渐感到自己同社会主义事业密切相关,愿为祖国建设、民族振兴而献身;他们积极要求进步,积极要求加入共青团和共产党,立志为社会主义事业而献身,对危害祖国与人民利益的行为表示愤慨和鄙视。

4. 友谊感

青年人的友谊感非常强烈,友谊在他们的情感生活中非常重要,青年人友谊感发展的一个重要特征是寻找"知己",并与异性"知己"产生爱情,这是未婚男女青年的正常情感生活。健康的情感会鼓励青年人奋发向上。反之,不健康的爱情生活会使青年人颓废、堕落,甚至犯罪。可见,在青少年道德教育中要引导教育对象树立正确的异性友谊观和恋爱观。

中学生或大学生如果产生了恋爱情感,若处理不当,往往会影响学习。因此应当教育青年人不要过早谈恋爱。但是男女青年发生爱情在所难免,而且青年人的爱情具有复杂、微妙、敏感等特点,这就要求教育者从青年人心理发展的特点出发进行教育,多给予关心和爱护。

5. 美感

青年人的美感是影响他们个性品质发展的重要情感因素之一。在教育的影响下,青年人建立了审美观念,拥有一定的欣赏美、评价美的能力。他们可以从文学、艺术、大自然美、人类行为的美中获得美的享受;他们积极追求外貌美、行为美、心灵美。

教育者应当根据青年人的这些特点加强美的教育,塑造美的心灵和行为习惯,使青少年自觉抵制和批判社会上的丑陋现象,自觉维护美好的社会环境,营造良好的社会风气。

(四)道德人格意志的特征

青年期的道德人格意志也在渐渐趋于成熟,主要表现为意志的自觉性、果断性、自制力、坚持性都得到了发展,其中自觉性对意志行为起主导作用。意志行动建立在对思想认识、科学理论和信念等坚定不移的基础上。青年人表现出坚强的决心和信心,不畏艰险,勇往直前。在个人与祖国、集体利益发生矛盾时,牺牲个人利益,维护祖国和集体利益,表现出献身精神。献身精神在青年人的精神生活中是最为宝贵的。教育者要努力创造适当的环境,让青年表现这种献身精神,日常生活中也要注意培养青年人的献身精神,锻炼坚强的革命意志。

在正确道德认识和坚定道德信念的基础上形成的道德人格意志可以催生正确的意志行动;反之,如果道德认识错误,是非颠倒、善恶不辨,就容易轻举妄动,胡作非为,做出错误的意志行为。教育者要引导青年人在正确道德认识的基础上形成和发展意志品质。对意志薄弱的青年或意志行动盲目的青年要及时指出错误,帮助其改正。

(五)道德人格行为的特征

青年期道德人格行为的特点是逐渐达到社会化、成人化。青年人开始用社会的标准、成人的要求来要求自己,表现相应的道德人格行为。青年人在正常的发展条件下,能做到言行一致,表里如一,在正确的思想认识和信念的基础上做出道德行为。即使言行脱节,也不像以前那样是因为无知或身心发展不成熟而造成的,而是因为思想意识上的错误认识所支配的,有意识地表现出来的言行脱节现象。青年期的言行脱节与少年期的言行脱节存在本质上的差别。青年期的道德人格行为还需要磨炼,需要在树立正确的人生观、世界观的基础上养成良好的道德人格行为习惯。①

---

① 梁晓明,刘德纯,李作栋.青少年健康道德人格培养新概念[M].拉萨:西藏人民出版社,2001.

三、青少年道德人格的现状与常见问题

在全面推行素质教育的今天,培养全面发展的人才成为学校的重要教育理念,因此,青少年道德教育、道德健康、全面发展受到了一定的重视,学校开设思想品德课程,积极培养青少年的健康道德人格,家长也注重学生道德的健康和全面成长,社会对青少年道德人格的养成与完善也起到了重要的影响。在学校、家庭、社会多方面的共同作用下,大部分青少年形成了健康的道德人格,道德良好,人格越来越健全,多数青少年学生掌握了道德知识,树立了良好的道德意识,形成积极健康的道德情感和高尚的道德品质,表现出规范自觉的道德行为。这些都充分展现了新一代的良好精神面貌,为国家繁荣昌盛及民族振兴提供了强大的精神动力。

然而,对于尚未形成健康道德人格的少部分青少年也要给予高度的关注和重视。部分青少年因为没有太多机会接触社会,思想观念不够成熟,行为方式比较简单,所以在道德人格领域存在一些不良现象,这是必须高度重视的问题,要从实际出发及时干预,纠正不良道德行为,使每一位青少年都能在道德人格方面有所进步和发展。具体来说,青少年道德人格的主要问题表现如下。

(一)道德观念依附性较强

道德观念的形成过程具有社会化的特性,这个过程是长期的,也是反复的,在这个过程中,青少年会接触到大量的道德信息,会尝试性地做出一些道德层面的选择,从而将自己的道德观念和道德原则确定下来,并对个性化的道德行为模式予以构建,最终形成较为稳定的、长期的、持久的道德人格。然而,在传统灌输性教学理念和教学模式的影响下,青少年被要求短期内将教师传授的道德知识全面接受,而对于一些重要的道德问题,缺乏反复的推敲和必要的强调,学生没有时间和机会从自我反思中将自己的道德目标确定下来。所以即使青少年的道德人格在教育计划内形成,且符合教育目标,也是不符合科学规律的,他们的道德人格中自主思考与行动的因素是缺失的,师长期待和社会要求等因素占主导,这就使得青少年的道德人格表现出明显的依附性,与此同时,也会造

成心理上的偏执、保守,缺乏坚定的价值观和自主思维方式。

(二)道德信仰缺失,理想淡薄

在社会转型期,各种不同的思想、价值观、文化相互碰撞,相互影响,相互渗透,使人们在追求人生理想时感到茫然不知所措,青少年还处在身心发育期,身心发展尚不成熟,道德观念也不够深刻,人格发展还有很多有待健全的部分,因此青少年在追求人生理想的路途中比成人更容易感到迷茫。基本人生观的缺乏是很多青少年中普遍存在的问题,一些青少年对自己的人生理想缺乏思考和向往,没有奋斗的目标和方向,没有能够激励他们的正确动机,导致部分青少年不遵守学校规章制度,无故翘课,而且不遵守社会道德准则,做出一些不道德的行为。道德信仰和道德理想的缺失对青少年的健康成长和未来发展造成了严重的影响。

(三)道德情感淡漠

部分青少年的道德行为并不是在深思熟虑的基础上做出的选择,而是以无所谓的态度盲目做出的选择,这反映了青少年道德情感的淡漠性。道德情感淡漠的主要表现如下。

第一,对做出良好道德行为的人没有表现出应有的好感,如仰慕、敬佩、称赞,反而阴阳怪气地称之为"爱出风头",对于他人自我奉献的行为,他们评价奉献者"傻",等等。

第二,对身边发生的不道德行为视而不见,充耳不闻,态度冷淡,没有表现出厌恶的情感,甚至当作热闹来看。

(四)道德意志薄弱

自制、自觉、果断、坚韧、顽强、勇敢等是新时代青少年应该具备的良好意志品质。但现实中不具备这些意志品质的青少年有很多,这些青少年在日常学习或生活中,遇到学习挫折、生活困境、人际关系难题便果断放弃,或一心寻求成功的捷径,而不是沉淀下来解决问题。还有一些青少年缺乏对善恶、好坏的分辨能力,盲目赶时髦、追潮流,从众心理严重,不结合自身实际而盲目攀比。意志品质薄弱比困难本身更可怕。

（五）知行脱节

知行脱节指的是道德认知与道德行为相互脱节，言行不一、表里不一。从本质上来看，这个问题其实是青少年现实理想自我与道德理想自我之间严重分化的问题，二者的差距超过适宜的范围，明显分化。适宜范围内的道德分化有助于促进青少年从现实道德自我转变为理想道德自我，但如果道德分化严重，超过适度范围，再加上青少年不具备良好的道德人格自我综合能力，最终造成了知行脱节与分离的道德人格问题。例如，有些青少年对遵守社会道德规范有一定的认识，对社会行为是否符合道德行为规范和标准也能做出正确的判断，但却没有在正确意识的支配下遵守社会道德准则而去规范和约束自己的言行，表现出违反道德的不良行为，如破坏公物、不讲礼仪、语言粗俗、污染环境，等等。这充分表明这些青少年存在严重的知行不一的问题。

（六）道德人格的双重性

道德人格的双重性与同一性是相对的。道德人格的同一性是培养青少年道德人格的一个重要目标，旨在使青少年在不同的社会角色中都能表现出稳定的和基本相同的道德品质及道德人格。如果青少年在扮演不同社会角色的过程中表现出明显不同的道德品质，道德品质明显不稳定，没有始终如一，那么我们就将这种道德人格称为双重性道德人格。它具体从下列两个方面体现出来。

1. 人前人后的两面性

有的青少年在学校面对老师和同学以及在家中面对家长都表现出很好的一面，言行举止规范，符合道德标准，然而一旦离开家庭和学校，就言行粗俗，将作为一名学生应遵守的道德规范抛之脑后。

2. 对人对己的双重标准

青少年在自我评价和评价他人时参考的标准不同，评价别人时要求很严格，而对自己却很包容。有的青少年以自我为中心，将自己的利益看得高于一切，希望别人都能迎合自己，自己却不配合他人，不承担自己的责任，将自己应该履行的义务抛到九霄云外，却不断强调自己应享受的权利。

四、青少年道德人格问题的成因分析

青少年道德人格的形成是家庭、社会、学校等多方面共同付出以及青少年自我努力的结果。而青少年道德人格存在的上述问题也是由这几方面的因素造成的,具体分析如下。

(一)家庭因素

如果说父母是孩子的第一任教师,那么家庭就是孩子的第一个课堂。家庭环境对孩子道德人格的形成与发展产生了很大的影响。下面从三个方面来分析。

1.家庭结构

根据家庭结构的不同,可以将家庭分为原生家庭、单亲家庭、隔代家庭、再婚家庭、离婚家庭等,不同的家庭结构反映了家庭成员的完整程度。研究表明,在单亲家庭、隔代家庭、离婚家庭等不完整家庭中成长的孩子更容易出现道德人格问题。

2.家庭关系

家庭关系指的是父母关系和亲子关系,和谐的家庭关系对青少年道德人格的养成具有重要意义。而如果父母关系或亲子关系紧张、淡漠,那么容易使青少年表现出敏感、冷漠、自私、叛逆、双重性的人格缺陷。

3.家庭教育

道德人格健康的青少年,其所在的家庭往往是主张民主的和睦家庭,父母对孩子的教育是科学的、民主的。而道德人格不健康的青少年其所在的家庭在教育上往往存在过于严格或完全因溺爱而不管教的问题,这就导致青少年的道德人格存在这样或那样的问题。

(二)学校因素

1.教育体制

近年来我国为全面倡导素质教育做了不少努力,但因为传统教育理念深入人心,所以应试教育的现象依然广泛存在,这严重制约了素质教育的推行。在传统教育体制下,文化课成绩成为学校、家长和孩子们的"心病",升学率成为学校的重要追求。为了提高升学率,学校一门心思搞好文化课教学,渐渐将思想品德课、思想政治课、体育课等有利于培养青少年道德人格的课程挤到边缘课程的队伍中,学生的课后时间也被各种辅导班挤占,很少有时间去提升自己的道德素养,从而制约了良好青少年道德人格的形成和实践能力的发展。

2. 管理体制

应试教育体制下,学校对学生的管理以量化为主,旨在促进学生学习效率和学习成绩的提升。量化管理体制的运行必然对德育的实施造成了限制,从而影响了青少年道德的培养与人格的健全。既然我们倡导学校教育树立全面育人理念,要培养全面发展的人才,那么在教书和育人过程中就不能过于功利化,过于强调"智"(成绩、升学),而忽视了德、体、美、劳。要培养青少年的道德人格品质,就必须开展德育工作,不能将文化课成绩作为衡量学生的唯一标准,要将学生的道德品质、体育能力、劳动能力、审美能力都纳入学生评价体系中,真正贯彻执行素质教育的要求。

(三)社会因素

1. 社会环境复杂

改革开放以来,我国现代化建设取得了卓越的成就。但随着经济一体化和文化多元化进程的加快,各种社会思潮相互碰撞,人们的价值观念和道德人格的发展呈现出多元化、复杂化趋势。今天我们迎来了信息时代,互联网全面普及,但因为缺乏有效监管使得社会信息良莠不齐、难辨真伪。面对复杂的社会形势,青少年的道德人格容易弱化。

2. 市场经济的负面影响

市场经济是一种效率经济、法治经济,同时也应该是一种道德经济。但由于我国市场经济体制还没有完全成熟,市场规则、制度尚不完善,市场约束机制还不健全,同时由于市场经济主体以利润最大化为最终目的,使人们普遍形成"天下熙熙,皆为利来,天下攘攘,皆为利往"的意识。在物质化、功利性的社会氛围下,青少年的道德人格容易出现问题。

(四)青少年自身因素

1. 身心发育不成熟

青少年时期是个体身心发育从萌芽向成熟的过渡时期,也是世界观、人生观、价值观形成的重要时期。由于青少年身心还处于发育阶段,认识能力和是非辨别能力有限,自控能力较弱,缺乏社会经验,容易受不良信息的影响,从而易造成各种道德人格问题的发生。

2. 性格缺陷

性格是人对现实的态度和行为方式中比较稳定且具有核心意义的个性心理特征。不良性格如怪癖、孤傲、多疑等易造成各种道德人格问题,甚至是违法犯罪的严重问题。[①]

第三节 体教融合下青少年健康道德人格的培养路径

一、体育和体育教育对培养与塑造青少年健康道德人格的重要意义

(一)体育与道德人格的塑造

人格是灵魂的骨架,是一个人的内涵、素养和精神气质。体育运动对人类情感具有巨大的凝聚力,它将人们的情感交流和智慧的对话融为一体,使人与人之间建立起相互依赖、信任、关心、尊重的和谐关系。通过开展体育活动,不仅交流了感情,增进了友谊,还能培养青少年的意志

---

① 张秀玲.青少年道德人格问题及对策研究[J].南方论刊,2011(05):60-61.

品质、奉献精神、创新品质。蔡元培先生曾指出,有四个"育"才能让人形成健全道德人格,分别是体育、智育、德育、美育。体育始终是第一位,要"以体育人",用体育锻炼的方式去引导教育,使学生通过体育锻炼树立正确的价值观。健全人格是在家庭、学校、社会环境的影响和教育下形成的,学校体育在学生道德人格培养中具有不可替代的作用。学校开展各项体育活动,可以培养学生坚强的意志品质、艰苦耐劳的精神、顽强拼搏的作风和良好的责任感及行为习惯,而这些是学生健康道德人格的重要组成部分。

(二)体育教育与道德人格的塑造

体育教育能够帮助学生树立正确的自我意识,提高情绪控制能力,磨炼意志,改善人际关系,提高社会适应能力,形成乐观向上的生活态度,使人格的多个方面得到协调发展。学校应重视体育教育,挖掘体育学科在培育与健全学生道德人格方面的潜力和价值,切实提高学生的全面健康水平,促进学生不断发展。

在体育教育实践中,教师要深入挖掘教材的思想内涵,把教材的技术性功能和育人功能结合起来,创设适宜的教学环境,积极渗透道德人格教育,对学生进行道德人格方面的培养,促进学生健康成长。[①]

二、体教融合下培养青少年健康道德人格的路径

(一)完善体育课程内容

在体教结合视阈下开展体育教育工作,充分发挥体育教育的德育功能,有助于培养青少年的道德人格和内在品质。体育教育的德育功能能否得到充分发挥,青少年能否在体育教育中实现道德人格的提升,关键在于体育教育中选取的课程内容。为了达到更好的德育效果,应该积极完善体育课程内容体系,不断补充新内容,促进课程内容的丰富性、实用性,充分发挥课程内容的全面教育功能。具体来说,要从青少年学生实际需要、兴趣爱好、运动能力、道德人格等多方面的现状出发选取体育课

---

① 高景丽.体育教学与学生健全人格的培养[J].黑河教育,2021(04):75-76.

程内容,课程内容要与培养全面发展的人才的教育目标保持高度一致。体育课程内容要体现出健身性、娱乐性、趣味性,要尽可能选择同时具备这些特征的课程内容。此外,在课程内容体系的构建中还要考虑青少年学生的道德人格的形成规律和发展特征,根据青少年学生道德人格的发展阶段、发展现状和特征去选择能够帮助青少年学生解决道德问题,全面塑造青少年学生健康道德人格的精品课程内容,促进青少年学生身心健康、道德健康以及社会适应能力的提升,最终促进青少年学生全面发展。

不同的运动项目有不同的特征和侧重的功能,而不同的青少年学生性格各异,在体育教育中选择运动项目,要先了解青少年学生的性格差异和主要存在的性格问题,从而依据这一现状来选取能够弥补学生性格缺陷、促使学生心理健康、道德健康以及人格健全的项目。青少年学生也要清楚自己的道德人格问题,并根据自身需要而选取适合自己的运动项目去参与,在科学的运动锻炼中克服缺陷,解决问题,从而逐步形成健全的道德人格。不同性格类型的青少年适宜参与的运动项目见表5-1。

表 5-1　不同性格类型青少年选取的运动项目①

性格类型	运动项目	目的
紧张型	大众项目、比赛项目	增强冷静、沉稳适应能力
胆怯型	摔跤、跳马等挑战性强的项目	抛弃胆怯、害羞心理
多疑型	乒乓球或击剑类项目	锻炼果断力
孤僻型	大球类或接力赛等团体合作项目	转变独性,接受群体
虚荣型	体操等多技巧、难度大的项目	知道人外有人,培养谦虚品质
急躁型	太极或射击等考验控制力的项目	稳定情绪,提高情绪控制能力

(二)营造良好的校园体育文化氛围和道德文化氛围

学校有关部门应面向全校学生广泛宣传和普及体育知识、道德知识,宣传手段有广播宣传、板报宣传、校刊校报宣传、电子屏幕滚动宣传、组织讲座进行宣传等。将各种可利用的媒介充分利用起来,使学生掌握

---

① 陈亚飞.当代中学生人格现状与发展策略研究[D].烟台:鲁东大学,2015.

体育知识、道德知识。此外,要大力宣传学生身边的好人好事,吸引学生的注意力,使学生向做好事的同学学习,从而营造健康向上的、互帮互助的、和谐融洽的校园氛围。在体育宣传方面,可以建立校园体育社团或俱乐部,吸引学生参加社团或俱乐部活动,使学生在形式多样、内容丰富的体育活动中锻炼自己的意志品质,形成良好的体育道德和体育精神,综合提高学生的体育素养。此外,还要在校园渲染一种竞争的气氛,从而将学生的运动热情调动起来,利用青少年争强好胜的心理品质去培养其正确的竞争素养,使青少年学生在遵守运动规则和道德规范的前提下约束自己在运动中的言行,养成知行合一的良好道德品质和行为习惯,并将在运动中形成的良好道德人格运用到学习和生活中,从而在不同环境或角色中都能始终保持良好的道德品行。

(三)将道德教育融入课外运动训练和体育竞赛中

课外运动训练可以使学生体验生理和心理上的挑战,同时挖掘学生体育运动方面的天赋,通过身心锻炼,使学生得到全面发展,并为国家培养优秀的体育人才。青少年通过艰苦的训练提高运动能力,代表学习参加各种比赛,在比赛中展示杰出的运动能力和健康的思想品德。课外运动训练是在教练员的指导下对青少年学生所进行的技战术、体能和心理等方面的严格的大强度训练。有研究表明,参加过课外运动训练的学生不仅有强健的体魄、充沛的精力,同时道德品质、精神品质、社会环境适应能力、角色转换能力以及后续发展能力也是突出的。课外运动训练对学生道德人格的养成具有积极的作用,能够培养青少年学生勇敢拼搏、公平竞争、积极进取、集体主义精神等优良道德品质。在运动训练中只要训练方法得当,将德育充分融入其中,同时教练员以身作则,起到道德表率作用,那么就能实现良好的道德教育目标。

在体育比赛中也可以融入道德教育,使学生在切身体验和竞争环境中实现道德品质的升华。青少年学生参与体育比赛,应注重各种比赛礼仪,展现自身的风度和修养;比赛过程中以集体荣誉为主,相互协调配合,遇到困难时相互鼓励,为集体荣誉而拼搏;场下同学以合理的方式为参赛同学加油助威,以不扰乱赛场秩序为原则。这在无形中培养了学生之间的友谊,增进了情感,增强了集体凝聚力,使集体主义精神发扬光大。体育比赛前高唱国歌能够培养学生的爱国主义热情。此外,学生运动员在比赛中要尊重对手、遵守规则、服从裁判,学生观众要遵守赛场秩序相关要求,文明用语,规范言行,这些都充分反映出运动员和观众的道德修养。

(四)在体教融合的教育实践中灵活运用各种道德教育法

基于体教融合理念而开展的体育教育实践中的道德教育方法既不同于一般的体育教育方法,也不同于一般的道德教育方法,一般的体育教育方法主要是指在身体素质和专项能力教学中的练习手段,具有专指性和局限性,一般的道德教育方法通常是适用于各学科教学的德育手段,具有广泛性和普遍性。体育教育与其他学科教学有很大的区别,若将一般德育方法运用到体育教育实践中,就显得德育过于简单、生硬、流于形式,从而使体育教育的德育功能难以充分发挥。在体育教育中进行道德教育的方法主要有说服法、表扬法、榜样法、批评法、奖惩法等,这都是常见的一些常规方法,除了运用这些方法外,体育教师还应该结合体教结合的理念和体育教育的独特性而设计行之有效的教育方法,如胜利激励法、失利勉励法、行为规范法、挫折磨炼法等。[1]

---

[1] 马新春. 学校体育中的道德教育研究[D]. 石家庄:河北师范大学,2011.

第六章 体教融合下青少年社会适应能力发展研究

青少年作为祖国明天的栋梁和主力军,在学校的教育培养过程中,除了教授他们文化知识,培养良好的道德品质、健全的人格,以及养成健康的身体之外,还要有意识地培养青少年的社会适应能力,从校园到社会需要做好衔接工作,从心理建设到行为规范都要做好充分的准备。本章将从青少年学校适应的问题和应对方法、青少年的社会适应现状和社会参与促进、体教融合下青少年社会适应能力的有效培养以及弱势青少年社会适应能力发展的体育教育策略几个方面展开论述和分析。

第一节 青少年学校适应问题与应对方法

一、学习动机不足与应对方法

(一)欠缺学习兴趣和学习动机

学习动机是支持青少年学习活动的重要驱动力。一个人行为一般要受到内部动力和外部诱因两个方面的影响。青少年在学习过程中对知识或技能产生兴趣和渴望即构成了内部动力,内部动力是获得优异成绩的必要前提,也是青少年学习活动的主要驱动力。而来自外界的认可属于支持学习行为的外部诱因,比如得到教师、家长和同伴的表扬、称赞和羡慕,都会成为推动青少年促进学习行为的外部诱因。

很多青少年学习不够积极主动、没有学习热情,其主要原因是学习兴趣和学习动机的不足。要想找到其根本原因不外乎从内部因素和外部因素两方面着手。内部因素包括学习目标是否明确、学习态度是否端正、对学习的意义是否有足够的认识以及对学习成就是否有明确的渴望;外部因素主要是来自学校、家庭和社会的影响,比如父母的期待、教师的态度、同伴的认可以及升学毕业的要求和压力,等等。

(二)激发青少年学习动机的方法

1. 树立明确的学习目标

目标是青少年学习活动的方向,是首先要明确的任务。正像车尼尔雪夫斯基所说的那样,"没有目标,哪来的尽头?"明确的学习目标可以激发、引导和调节青少年的学习行为,在遇到困难时会激励他们更加地奋发努力,或者引导他们去寻求老师、同学和家长的帮助。

对于那些由于学习目标不清晰而欠缺学习兴趣和学习动机的青少年,首先应该引导他们树立合适的目标,并且注意设立目标的方法。比如目标不能太简单也不能太难,合适的目标应该具有一定的挑战,但是必须经过努力才能实现,在这样的过程中会激发和完善青少年的自我效能和成就感。另外,目标的设置应该是让青少年具体地掌握知识和技能这样的内部动因,而不是获得优异的成绩、从而得到家长和老师的认可这样的外部诱因。

2. 及时了解学习效果

及时的反馈信息也是促进学习动机的必要手段。学习成绩作为一种反馈信息可以有效地调节学习行为,让青少年对自己的学习进程有明确的、客观的认识,是提高下一步学习效率的最直接的方式。当青少年能够清楚地了解到自己知识和技能的掌握情况,知道哪些已经掌握得很好,哪些能力还很薄弱,则会帮助他们树立更清晰的学习目标,促进下一步的学习或者训练。经过一段时间的努力之后,当青少年意识到自己的进步,则会帮助他们进入正反馈的循环中,不断地激发他们树立目标、攻克弱点,形成良好的学习方法和自我激励机制。

3. 给予良性的外部激励

积极的外部反馈也会促进青少年学习动机的加强。比如,当教师和家长能看到他们的努力以及努力得到的回报,并给予一定的表扬与肯定,那么青少年往往会保持他们的学习热情和动力。相反,如果青少年屡遭挫折也得不到教师或者教练的积极关注,则会严重地打击他们的学习积极性。因此,教师或教练要给予青少年足够的关注和积极的引导,发现他们的进步、努力或其他强项应该及时地给予肯定。对于教师和教练而言,能够激发出青少年的学习兴趣、调动起他们的主动学习意愿,才是教学水平的体现。

二、考试焦虑与应对方法

(一)考试焦虑的成因

考试焦虑是指过于担心消极的考试结果或者过于渴望获得好的成绩而导致的紧张和忧虑。考试焦虑的原因也分为内部原因和外部原因两种。内部原因主要是由青少年的成就动机水平和个体的气质特征决定。外部原因主要来自包括父母、教师和同伴的期待以及升学和毕业的环境压力。

同时,每个个体的心理承受能力也决定着其处理和应对内、外部压力的能力。心理韧性强的青少年能够较好地平衡各种压力,积极调整心态,抵抗内外部的各种干扰,能够以比较平静的心态专心参加比赛或者考试,从而能够正常发挥自己的真实水平。相反,心理韧性差的青少年则更容易受到考试焦虑的影响,对自己形成不利的局面。

(二)克服考试焦虑的方法

1. 正确认识考试焦虑的利与弊

过分的焦虑情绪会带来消极体验,会破坏认知系统的信息加工,比如在大脑中不断地对消极结果进行预演和加工,这将对青少年造成不必要的烦扰。如果长期焦虑还会影响食欲、睡眠以及身体健康。但低水平的焦虑会促使青少年集中注意力,提高效率。

2. 以积极的心态认识失败

首先,青少年要学会以积极的心态接纳失败,失败和成功都是学习的组成部分。失败也有积极意义,比如它帮助青少年找出自己的不足,明确努力的方向,向着成功更靠近一步。同时,失败也不能否认努力,但是可能说明努力的还不够,或者努力的方法还需要调整。

其次,失败可以帮助调整目标和期望值。比如,如果定的目标不切实际,那么失败可以指出这个问题的存在,帮助青少年尽早确立合适的目标,一步一步地提高成绩。合理的目标会提高青少年的自信心和成就感,而非不必要的挫败感。

最后,无论是参加考试还是参加体育比赛,青少年都应该努力做好准备,包括心理上的准备和身体上的准备,全面的准备也是降低焦虑的最好办法。

三、青少年的问题行为与应对方法

青少年正处于人生最紧要的时期,无论是在生理上还是心理上,他们正在经历着剧烈的变化,他们的世界观、价值观在逐步养成,他们的个性和认知模式也渐渐形成。在这一时期,他们的情绪波动比儿童和成年人都要强烈,他们的问题也被放大和凸显出来,给家庭、学校和社会带来种种忧患。这些问题行为包括学业不良、攻击行为、辍学逃学、离家出走等。

(一)问题行为的类型

各国学者通过不断的研究和总结,对青少年的问题行为给出了不同的解释和分类,但是可以简单地概括为乱性问题行为和心理性问题行为两种,前者如不守纪律和不道德的行为,后者如退缩、羞怯和抑郁等情绪问题。

(二)问题行为的成因

1. 心理因素

(1)青少年对行为规则的认识有障碍。比如当规则要求与青少年的需要不相符,或者青少年对规则的理解有误,或者要求太多却缺乏执行力度,或者规则要求违逆青少年的个性,以上这些情况就会导致青少年违背规则不守纪律。

(2)当几种需要发生冲突时,适应不良的青少年会选择符合自己需要但违背社会规则的行为。

(3)意志力薄弱和自制力差。青少年知道应该遵守行为规则,但是由于自制力差,他们有时候会屈服于自己的意愿而选择不合规范的行为。

(4)挫折承受力。青少年的问题行为往往与无法正确地理解和处理挫折有关。青少年会选择"外罚"和"内罚"两种形式表达。外罚是指通过攻击他人来消除挫折带来的紧张和不安情绪;内罚是指向内针对自己,包括自我攻击、自我孤立、轻生等。

2. 社会因素

(1)家庭环境的影响。有统计数据显示,导致青少年问题行为的最主要因素来自家庭环境。比如,因父母教育养育失职而导致孩子出现问题行为的家庭占60%;因父母生活作风不正而影响孩子的家庭占11%;因父母婚姻不和而导致犯罪行为的占7%。

(2)学校环境的影响。其中教师的态度和教育方式对青少年有明显的影响作用,比如教师是耐心地帮助学生,还是不管不问甚至体罚羞辱学生会给青少年带来截然不同的影响。

(3)社会环境的影响。有研究发现,青少年居住的区域、学校的环境、父母的职业和文化水平都与青少年的问题行为有关。

(三)问题行为的应对方法

1. 科学分析问题行为的具体成因

无论是问题行为还是正常行为,都是个体与环境之间相互作用的结果。当个体与环境相适应时,就会激发良性的行为,当个体与环境不适应的时候,就容易产生问题行为。就个体与环境间的相互作用,可以概括为以下三种情况。

(1)导致青少年问题行为的主要原因在于个体自身,它导致青少年以低级的方式与环境进行互动。

（2）不良的环境因素会诱导青少年出现问题行为。

（3）当青少年自身的不良因素与环境的不利因素相互作用，问题会更严重。

2. 制定有针对性的干预方式

首先要充分了解有问题行为的青少年的家庭状况、家长的教育态度和教育手段，以及还要了解其教师的教育态度和方式方法。然后根据青少年的问题行为的发生条件、发生时间、地点、原因，以及发生的频率与持续时间，进行具体分析，制定详细的指导内容，并跟踪指导效果和变化程度，等等。总之，青少年问题行为是一个复杂的问题，需要尽可能准确地把握其特点、原因和模式，借助科学的研究方法，制定针对性较强的指导和干预方式。

四、学业不良问题与应对方法

（一）学业不良问题的成因

学业不良问题是最为普遍的一个现象，主要表现为学习态度、学习能力和学习成绩等达不到基本的教学要求，甚至还有相当的距离。经过长期的分析和观察，可以发现造成学业不良问题的主要原因有以下几点。

1. 饮食、营养和作息会影响学业成绩

有学者做过研究，青少年的饮食、睡眠都会影响其学业。通常来说，营养充分、饮食规律，特别是重视早餐，将会促进青少年的学业发展。青少年特别是少年儿童正是身体发育最旺盛的阶段，他们代谢快容易饥饿，因此需要保证及时地补充营养以及保证充足的睡眠，才能更加专注地投入学习活动。

2. 运动和自由玩耍的时间不足

活泼好动是青少年的天性，也符合他们生长发育的内在需求，一定量的体育运动和锻炼能促进血液循环、新陈代谢和机体组织生长。因

此,运动和自由玩耍对青少年的健康非常必要。如果他们的这种天然需求受到抑制,想要自由表达天性的需求不能得到满足,那么不仅会影响身体发育,也会影响他们投入地学习,从而降低其学习效率。

3. 生长环境的消极影响

还有一些青少年是因为受到生长环境的负面干扰,比如父母没有正确的教育观念,认为"读书无用";或者是受到一些消极因素的干扰、结交不良少年也会影响青少年的学业。

(二)学业不良问题的应对方法

1. 有针对性地解决不利因素

一般而言,对于具有普通水平的学习能力和基本的学习态度的青少年,只要智力发育正常,很少出现所有学科的成绩都很差的情况。他们或许在某个学科或者某一种学习技能上表现薄弱,但是在其他方面也有所擅长,这就为解决学业不良问题找到转机。在找到造成青少年学业不良的具体原因之后,应该有针对性地加以干预和指导,对症下药,扫除不良因素,帮助青少年早日摆脱学习困境,取得良好的学习成绩。

2. 全面发展是关键

学业不良的起因复杂,而且因人而异。除了排除直接影响青少年学业发展的不利因素之外,我们的教师、教练和家长还应该打开思路、提高认识,不要局限于头痛医头脚痛医脚的惯常模式。教育的目的不仅仅是考出好成绩,而好成绩也不仅仅是靠闷声读书就能获得,更应该重视的是青少年的全面成长,我们的教育方针要求青少年德、智、体、美、劳全面发展,德智体美劳之间具有强大的内在关联,可以相互促进、影响和带动,一个各方面发展健全的青少年会有一定的自制力和自我要求,他们自身就具有避免学业不良的意愿和能力。

另外,学业不良也是造成青少年辍学的重要因素。因此,学校应该积极发挥教育的责任和功能,特别是对于那些有潜在辍学倾向的学生,及时给予特别的关注和教导,帮助他们找到兴趣和优势所在,逐渐树立自信心。对于一些缺乏学习热情或者是学习成绩屡受挫败、但是喜欢体育运动的青少年,应该积极鼓励他们选择自己喜欢的运动项目,并且给予一定的积极反馈和肯定。无论他们是否会取得优异的体育成绩,但是通过体育运动和训练可以培养青少年的意志品质,磨炼他们的性格,增进师生间、同学间的情感交流,从而也会大大地降低辍学率。

第二节　青少年社会适应现状与社会参与促进

一、青少年的社会适应现状

(一)整体适应能力较好

有学者研究发现,我国的幼儿社会适应能力趋势较好,这是长期以来家庭、幼儿园及社会在幼儿的社会适应能力方面做了良好的诱导与培养工作的集中体现。随着年龄的增长,不同性别的青少年在社会适应能力方面出现了显著差异。为了促进青少年的健康成长,避免各种心理问题和社会问题的出现,我们应在这方面作出更深入的研究。

(二)中美青少年社会适应差异

影响青少年社会适应能力的因素包括养育类型、父母关系、成长环境的社会风气、母亲年龄及健康状况等。通过对比中美两国青少年的社会适应能力会发现以下两点区别。

(1)在对抗性和反社会性方面的适应能力,中国青少年明显强于美国青少年。

(2)在独立性方面中国青少年不如美国青少年。

二、青少年社会参与促进

(一)保障青少年社会参与的权利

国情使然,在很长一段时间里大部分社会组织和个人对"社会参与"

的概念比较模糊,特别是缺乏相应的制度和资源配置。汶川地震后,在灾后重建工作中,我国政府在新中国成立之后的第一次给公民、法人和其他社会组织参与社会公共事务进行赋权。作为国家的未来,青少年在社会参与的积极性和有效性方面,还需要从制度和机制的方面加以支持和促进。其中几个重要的原则如下所述。

1. 手段与目标相统一

社会参与是青少年的合法权利。国家应该帮助青少年社会参与做好拓宽途径、优化渠道的工作,这是对青少年健康成长的积极促进,也是为未来他们即将参加国家建设做的必要准备。社会参与是青少年开拓视野、增长见识、锻炼才干、进行社会化的重要手段。青少年参加社会活动不仅是手段也是目的,是以为国家培养未来社会主力军为主要目的,因此要保证青少年社会参与的有效性,保证手段与目的相统一。青少年要端正自己社会参与的态度,它是重要的社会实践,而不仅仅是补充学业的一项活动;活动的组织者也要考虑到为青少年提供合理的锻炼机会,而不仅仅是为了使用廉价的劳动力。

2. 权利与义务相统一

青少年的社会参与需要参与机会、途径、财力和物力的支持,这在很大程度上限制着他们的权利实现。联合国儿童基金会提出:青少年有权参与影响他们生活的事务,有权涉及家庭和社区事务并做出贡献,有权自由表达他们的看法和见解。青少年有权享有促进他们赖以生存和个人发展的服务和政策,包括医疗保健、教育、技能和职业培训等。联合国基金会指出:参与不仅是成人给予青年人的一份礼物,它还是在儿童权利公约上定义的儿童和青年的一个基本人权。

青少年的社会参与不仅仅是行使自己的基本人权、增长知识和能力的过程,也是直接和间接地改进和干预自己家庭、社区甚至全社会。青少年常常有独特的见解和洞察,这是他们对国家和社会的贡献。在具体实践的过程中,青少年在社会参与中更多的是承担义务,对行使个人应得的权利方面意识还比较淡薄。这就需要我们的国家和教育系统进一步强化青少年社会参与的意识,同时提高他们的主体意识和义务意识。

总之,需要格外重视青少年社会参与的作用和影响。

3. 原则性与操作性相统一

在政策上确认了青少年社会参与的权利之后,需要进一步细化和落实法律、政策的规定,把工作做实,完善公开透明社会参与的信息发布机制,完善信息对称、通畅的环境条件,完善青少年社会参与的培训教育条件。让青少年的社会参与从制度化到非制度化,各种渠道和途径都逐渐成熟和规范。另外,在物力和财力上,降低青少年社会参与的门槛,或者给予一定的支持。总之,各种政策制度要做好落实和细化工作,既有原则性也有操作性,真正做到促进青少年的社会参与。

4. 规范性与创新性相统一

青少年的社会参与也是社会和青少年同时参与的一种实践和探索。在这个过程中,必然涉及新的情况,波及新的领域,这些都是社会进步的必然现象。因此,除了要强调规范性之外,也要鼓励和肯定青少年在社会参与实践中的创新行为,比如利用互联网和自组织,有效地拓宽了社会参与的途径,也提高了社会参与的效率,也体现了我国青少年的自主性和积极性,以及他们强烈的探索精神和执行力。国家和社会都应该鼓励和保护青少年的这种天然的热情和自发的努力,这正是国家未来强盛发展的希望所在。

总之,规范性可以确保青少年社会参与过程中的稳定与安全,而创新性可以带给社会更多的活力和进步,两者都很重要。

(二)完善青少年社会参与促进机制

法律政策负责宏观指导,而促进机制则是现实解决青少年社会参与的具体问题的办法。因此,加强促进机制的建设、优化并保持动态的发展,是一项重要的工作任务。

1. 信息沟通机制

建立和完善相应的信息沟通机制是促进青少年社会参与的前提条件。有了通畅的信息沟通机制,青少年能够在第一时间获得所有社会活动的公开信息,知道现在社会上正在发生着什么重要的事件或者活动,进而可以判断自己是否有参与的意愿和能力,如果参与自己又能提供什么价值获得什么收获,等等,这些是青少年社会参与的第一步。因此,信息沟通机制要保证信息的公开、透明和准确,特别是参与途径、岗位需求、具体规范等要清晰明了,便于青少年的理解和判断。

信息沟通机制具有双向沟通平台的属性,它也应该提供青少年群体的主要信息,包括他们的群体状况、服务能力和需求要点等。

因此,信息沟通机制是以双向、互动为原则,以及时准确地发布相关信息为目的,为青少年社会参与服务,同时也是为公共活动招募优质的、合适的社会力量服务。

2. 教育培训机制

青少年的社会参与其实也是一种提升青少年整体性素质的途径。以社会参与为目标的教育培训机制,是一种短平快的提升青少年综合素质的途径。即根据社会公共活动的不同要求和特点,对参加的青少年进行即时性的教育培训,这种培训的特点是目标明确、简单具体、立即见效,它大大地提高了青少年社会参与的有效性,帮助他们实实在在地提升了能力,也为社会活动的进行保证了质量。这样的培训用时短、见效快,但是却能惠及活动本身和青少年双方的利益,因此,是一种可以长期建设和完善的机制。

3. 途径畅通机制

青少年社会参与途径的优劣与多寡,是决定促进青少年社会参与成败的关键。我们现有的途径包括制度化参与途径和非制度化参与途径两种,两种途径性质不同、特点不同、管理模式也各不相同,这就需要对这些途径进行整合和优化,既保留各自的特点,又要具有融入规范性管理的属性,比如方便融入信息沟通机制和教育培训机制的执行。总之,要有利于促进青少年社会参与途径的畅通。

目前,互联网已经成为我国青少年社会参与的重要途径,也是基本途径。以互联网为代表的这些新兴渠道是对传统渠道的有力补充,它极大地弥补了传统渠道资源有限这一固有属性,可以让更多的有热情、有想法、有能力的青少年充分展示才能,并积极参与到社会的经济、文化、政治等方方面面的公共活动中。另一方面,对网络的管理自然也加大了政府的监管难度,应该给予更多的关注、扶持和引导,这也是发展的必经阶段,需要积极应对和解决。但是总的来说,还是应该鼓励和放大新型渠道的优势,以促进青少年的社会参与为目标,适度地容纳青少年对社会问题的不同意见和看法,保障青少年利益表达的顺畅性和社会参与的有效性。

4. 参与激励机制

青少年的社会参与本质上是一种未成年人的社会实践活动,他们尚未成年,在认知能力、行为能力、资源享有等方面都存在着很多不足。因此,出于对他们的保护和支持,更为有效地鼓励和推动青少年的社会参与,需要建立和完善激励机制,实质上就是使其具有维护自身权利的能力,有机会去参与影响他们生活的事件和机构,并且可以进行积极的表达和干预。激励机制包括物质性的激励和精神性的激励,两方面应该有机结合。也就是说,激励机制一方面可以强化青少年社会参与的意识和热情,另一方面也要给予必要的财力和物力支持。

青少年的社会参与是青少年健康成长的需要,也是社会持续发展的需要。因此,需要国家、社会、各个组织机构共同努力建设青少年社会参与机制,为青少年适应社会做好充分的准备、提供必要的协助和引导,并且从政策制定、机制建设到学校的教育引导等全方位地做出努力,提升青少年社会参与的意识和热情,拓宽青少年社会参与的渠道和途径,不断完善我国的青少年社会参与的环境条件,为青少年的健康成长,也为国家持续发展做出努力。

第三节　体教融合下青少年社会适应能力的有效培养

一、影响青少年社会适应能力的主要因素

青少年时期是从个体化逐渐走向社会化的过渡阶段,它直接影响着青少年是否能养成健全的人格、是否能适应社会的发展、是否有能力应对未来人生中的挫折与困境,这些都需要在青少年阶段给予适当的能力培养和锻炼。这其中,社会支持和心理韧性是影响青少年社会适应的两

个重要变量,社会支持影响个体行为的外部系统,心理韧性是影响个体行为的内部系统。社会支持作为心理韧性重要的外部保护性因子,能够促使个体自信、乐观和坚韧,或者退缩、羞怯和压抑。

(一)积极适应与消极适应

通过研究,对于青少年的积极适应和消极适应得出以下结论。

1. 青少年的消极适应在性别上存在显著差异

女生在亲社会倾向、自我烦扰和消极退缩水平明显高于男生。
男生在积极应对、违规行为水平显著高于女生。

2. 青少年的积极适应、消极适应在年级上存在显著差异

初中生的积极适应最好,高中生的积极适应最差,大学生的积极适应居中。
初中生的消极适应最少,高中生的消极适应最多,高中生的消极适应高于初中生和大学生。

3. 青少年的消极退缩与父母受教育程度存在显著差异

父母亲的受教育水平越高青少年的消极退缩就越少。
母亲受教育水平越高青少年的消极适应越少。
和父亲相比,母亲对青少年的社会适应影响更大。

(二)社会支持与心理韧性

1. 社会支持和心理韧性与积极适应正相关

社会支持越高的青少年表现出更多的积极适应。
心理韧性越高的青少年表现出越多的积极适应。
同时,青少年的社会支持对心理韧性有显著的正向预测。

2. 青少年的心理韧性起中介作用

在社会支持与积极适应、消极适应之间,心理韧性起到部分中介作用。也就是说,当社会支持越高时,青少年表现出来更多的积极适应;当

社会支持较低时,心理韧性较强的青少年比心理韧性较弱的青少年表现出一定的积极适应。

二、对青少年社会适应的有效培养

根据研究结果,为了提高青少年的社会适应能力,在学校和家庭教育中应该对青少年提供更多的社会支持、提升其心理韧性,对促进青少年的积极适应、减少消极适应具有现实意义。

(一)创建与社会相衔接的教学环境

我国有不少研究者曾对提高青少年的社会适应能力做过大量的研究,通过实验和分析,发现通过课堂教学、集体活动以及训练活动都能够有效改善外部支持环境和青少年的自我意识水平,从而对促进青少年的社会适应能力起到一定的帮助作用。具体的方法如下所述。

1. 创建和谐的心理环境

对于青少年来说,最直接、最终的外部支持是学校、教师和同学们。因此,学校首先应该为青少年提供开放、民主、活泼的学习气氛,教师要注意营造轻松愉悦的学习环境,而不是用成绩、升学、毕业等外部压力给青少年制造强烈的压力感受。学校和教师、家长应该改变原有观念,重视起为青少年营造良好的学习氛围以及鼓励和支持的学习环境。建立新型的师生关系,让青少年拥有和谐健康的心理环境,从而对外界、对社会持更加开放和积极的态度。

2. 以合作模式进行教学

以往的教学模式主要是教师和学生的教与学的关系,学生习惯了被动接受的模式。长此以往,习惯这种模式的青少年显然是不能适应竞争激烈的社会生存环境的。因此,学校和教师应该积极调整教学模式,以合作的课堂教学模式传授知识,提高青少年学生的自主性和参与感,是培养其社会适应能力的良好策略。

3. 组织丰富的课外活动

校园生活简单纯净,但是社会生活是丰富多样的。这会让一些青少年在初入社会时感到不适。因此,学校教学应该加强组织学生的课外活动,丰富他们的见闻和生活内容。这一方面让他们有更多的接触社会的机会,同时,在这些活动中,也帮助青少年学生锻炼人际交往能力,学会处理复杂的人际关系,培养自己的洞察力和观察力,拓宽视野和增加生活阅历,掌握一定的社会生存常识。

4. 家庭养育方面的支持

(1)从小培养青少年的社会认知能力。

(2)从小培养青少年独立生活的能力。

(3)从小培养青少年良好的沟通能力。

(4)从小培养青少年独立思考的能力。

(5)从小培养青少年自学能力。

(6)从小培养青少年的劳动能力。

(7)从小培养青少年应对压力的能力。

(8)从小培养青少年的创新能力。

(9)从小培养青少年的适应能力。

(二)在体育教学中融入心理建设内容

体育教学的最终目的就是促进青少年的身心全面健康,其基本体现就是身体协调发展,拥有健全的人格。通过体育运动塑造青少年的意志品格,磨炼他们的心性和韧劲,从小培养他们养成积极进取、顽强拼搏的个性。提高他们的心理自我调节能力,乐于迎接挑战、克服困难,不断完成自我超越等。因此,在体育教学中应该加强心理建设的功能,倡导体育教师在培养学生的体能素质和运动技能时,也要兼顾对学生的心理培养,特别是要结合当下的时代特点,重视培养青少年学生的社会适应能力,将体育教学与心理健康维护有机地结合起来,科学有效地提高教学效率,创新课堂教学方式,丰富体育教学内容,营造和谐的学习氛围,让青少年享受体育运动带来的身心愉悦。

1. 传达心理健康的知识

学校应该带领教师积极整合教材内容。在不影响主体教学的情况下,增加培养学生心理健康方面的内容,深度挖掘体育教学资源,将体育实践与心理健康进行有机的结合。通过体育项目让学生深刻理解体育心理学的相关内容,重点是培养青少年有心理学的意识和养成心理学头脑。比如体育心理学中的心理动机、情绪管理、注意力等,循序渐进地引导学生对心理健康、心理建设有比较清晰的认识。

在一些体育项目中,特别是竞赛环节,是集中考验学生面对挑战时承受压力的能力,特别是面对失败,会极大地考验青少年的心理韧性。在体育教学中,体育教师应该利用这样的环节对学生进行现场教学,以体育运动中的挑战、对抗、竞争等场景类比生活中的类似情境,是对学生进行心理建设和辅导的非常好的契机。

体育教师也要有意识地观察每个学生的不同心理特点,进行有针对性的教学和辅导。这也就意味着,在体教融合的要求下,对体育教师提出了更高的要求,他们不仅仅要有体育专业的知识技能,还要精修教育学、心理学,要求他们不仅仅教授体育内容,还要兼顾相关学科的衔接教学,一切以培养青少年的全面发展为主要目的。

2. 强化体育实践的优势

与其他文化课相比较,体育课给了青少年学生更多的互动和人际交往的机会。青少年正是活泼好动的年龄,正处在青春期与心理发展的敏感时期。他们的人际交往能力主要是从师生间或者同学间的交流互动开始学习的。在教学之外,教师尤其要关注他们的心理健康问题,特别是现在以独生子女为主,他们相对比较欠缺人际合作与配合这方面的锻炼,遇到挫折可能会表现出情绪化甚至极端化。因此,学校应该充分发挥体育课需要大量的团队协作的机会,让青少年在体育实践中,学习人际交往能力和团队协作能力,懂得什么时候需要挺身而出有担当,什么时候需要谦卑服从甘为人梯。这些都不是仅仅靠读书就可以学习到的,必须要通过实践活动才能习得。因此,体育教学应该发挥其得天独厚的特色,大力加强体育实践活动,并在实践中让青少年学习团队协作,为将来的社会适应做准备。

3. 通过良性互动培养社会适应能力

有一些比较激烈的运动项目会带来强烈的体验感,这类体育运动特别能增强学师生之间、同学之间的情感。在这类体育运动中,教师要特别注意公平、客观、讲原则,给学生以正向的引导。让青少年学习在公平竞争的环境下努力拼搏获得成功的体验。引导他们主动参与竞争,并为集体贡献自己的力量,从而培养积极面对生活的人生态度;引导青少年学生主动建立起良好的人际关系,培养其主动建设并获得社会支持的能力。

让青少年学生充分体验成功与失败的不同的情绪感受,这对他们来说会带来较强的心理体验,也是宝贵的人生经验。在校园里参加体育比赛的得失成败,都是为了将来能更好地应对人生难题而积累经验。因此,体育教师在体育教学中可利用这两种情绪感受,来促进学生形成健全的人格。在面对失败时,要拥有克服困难的决心,增强他们的心理韧性;在面对成功时,增强他们的自信心,有勇气去迎接更艰巨的挑战。

(三)体教融合下有针对性地进行教学和疏导

针对青少年在年龄、性别方面的不同,而表现在积极适应与消极适应上的差异,可以进行有差别的引导和干预。比如,由于女生有更好的亲社会性,但是有较高的自我烦扰和退缩的表现,那么在教学中,教师和家长应该对女生给予更多的鼓励和支持,让她们突破自我勇敢迎接挑战,特别是通过体育教学鼓励女生多参加集体竞技运动,比如排球、篮球、足球等,通过与他人的协作与配合,在人际互动中逐渐变得开朗豁达,也能对自己和他人有更客观的认识,减少自我烦扰的倾向;而对于男生应该更多地关注他们的违规行为,通过体育教学让他们充分认识到遵守规则的重要性,学会在规则内进行良性竞争。

针对高中生更容易出现消极适应的现象,可能和他们的学业压力重、高考压力大有关。这时候教师和家长应该对他们多做积极性的疏导,鼓励他们多参加体育运动从而宣泄焦虑和压力的情绪。

综上可见,体教融合在青少年的教育培养过程中会体现在方方面面。从宏观规划到微观教学,体育是青少年教育必不可少的重要环节,充分挖掘体育的优势与资源,让体育教学充分发挥出其特有的价值。

第四节 弱势青少年社会适应能力发展的体育教育策略

一、弱势青少年的社会适应内涵

(一)弱势青少年的基本概念

弱势青少年主要是指那些可能面临着失养、失教的生活窘境,同时缺乏基本的生活能力或经济能力而明显处于社会弱势位置的青少年。如农村留守儿童、残疾儿童、单亲家庭儿童、进城务工人员子女、贫困家庭儿童等群体等等。他们在生活上和受教育方面都不能达到基本的水平,在成长过程中更容易受到社会负面的影响,生存环境恶劣,容易进入恶性循环,从而成为社会不稳定的因素之一。

(二)青少年社会适应的基本分类

一般将青少年的社会适应行为主要分为社交领导行为、攻击性行为和害羞性行为。也有研究者将社会适应行为的类型分为人际适应、心理弹性以及心理控制感等三个方面。它具体表现为学习适应技能、人际适应技能、心理变化技能、生活适应技能、情境适应技能等。也有学者将青少年的适应分为内在适应行为和外在适应行为。内在适应行为包括个体对自己的认知、情感、人格等的自我心理适应,以及对自己性心理和性行为的反应,对自己的身体机能、生理状况、体貌特征变化表现出来的身体变化适应;外在适应包括独立生活适应、学习适应与学校适应、社会交往适应、社会规范适应、就业与职业适应、科技文化适应等。

(三)弱势青少年社会适应的主要问题表现

现在我国社会的弱势青少年群体主要是由留守、贫困、家庭变故、身体残疾、缺失社会支持等因素影响而出现的弱势群体。他们由于遭遇到非同寻常的生存境遇、在成长过程中其根本性生存权利未得到很好的保护,很容易产生情绪、行为、社会交往、自我概念等方面的心理问题。这些问题主要包括以下几个方面。

1. 情绪适应问题

绝大多数的弱势青少年都或多或少地存在情绪、情感方面的问题。比如孤独感、自卑、忧虑不安、自我烦扰、忧郁、寡言、焦虑、恐惧等都比普通儿童更加明显。他们往往对人对事缺乏信心、低自尊、自我效能感低、具有消极的自我认知等。

2. 行为适应问题

由于成长过程中受到过度的挫折或冷漠、被忽视等经历,或者得到过度的溺爱等,使很多青少年缺乏良好的自我调节能力和社会适应能力。容易出现自私、易怒、偏激、过敏等行为偏差问题。

3. 人际交往问题

由于很多弱势青少年受到过多的敌视和排斥,导致他们与社会人群疏离,存在深度的自卑心理,社会交往能力较弱。常常表现为不敢与人说话、过度敏感、爱冲动、容易产生冲突、富有攻击性等,或者相反地表现为回避和退缩倾向。

二、弱势青少年的体育教育策略

青少年是由自然人向社会人过渡的关键时期,更是学习与同伴交往、建立关系的重要时期,如果在这一时期没有得到很好的发展,将在未来的生活中、在社会适应方面很容易出现种种问题。而弱势青少年由于在幼年或童年期经历了或者贫困,或者与父母分离,或者残疾,或者失学,或者兼而有之的非寻常境遇,使他们在情绪、行为、自我认知、人际交往等方面都存在着或多或少的问题,这对他们未来是否能够很好地融入社会生活带来一定的隐患。因此,在学校教育中应该加强对弱势青少年的社会适应能力的培养。

(一)努力营造和谐的校园环境

校园关系是弱势青少年主要的社会关系,因此,对于他们的教育培养应该首先从营造和谐友爱的校园环境开始。它包括弱势青少年与学校的关系、与同伴的关系、与教师的关系。弱势青少年儿童的校园关系会因为社会关系网络的疏离而造成边缘化体验,而建立良好的师生关系、同学关系是改善他们人际关系体验的重要途径。比如教师应该主导建立师生间的有效沟通,平等地对话,并对弱势青少年给予积极地关注等等,这些都是构建和谐关系的关键因素。

对于教师而言,他们对学生的期望会在学生身上变为现实。因此师生关系应该是建立在教师对不同学生施以无条件的积极关注的基础之上,以尊重每个学生的个性都能得到充分发展的基础之上。特别是对于弱势青少年,应该考虑到他们在成长过程中受到过不同程度的消极因素的干扰,可能因此而在心理健康发展方面需要更多的耐心和关注。学校是他们社会化的第一站,因此也承载着引导弱势青少年完成良好社会化的重任。

校园是人类文化传承的集散地,校园也是一个独特的文化聚集体。弱势青少年可以在这里寻找到归属和爱,是他们正式走向社会的加油站。作为学校和教师应该有意识地为弱势青少年提供更多的支持和积极关注,尽量弥补他们成长的缺少,尽量激发他们的积极适应,减少消极适应。

总之,积极和谐的校园环境可以使学生全身心地投入到学习生活中,不断提升自己的适应能力,拓展自己各方面的潜能;而消极的校园环境会加剧青少年的消极适应,为日后的社会适应造成更大的困扰和障碍,从而增加社会不稳定因素。

(二)充分发挥体育的教学优势

体育教学在培养青少年心理健康方面一直都具有显著的功能。

在针对弱势青少年的教育培养方面,应该充分发挥体育健身育人的功能,通过活泼生动、积极互动的体育课教学形式,鼓励青少年积极参与体育训练和集体活动,培育进取、拼搏的体育精神,养成良好的运动习惯,形成尊重规则良性竞争的健康生活态度,帮助青少年学生在体育锻炼中享受运动的乐趣、增强体质、健全人格、锤炼意志。

推动青少年在体育锻炼中培养积极乐观的精神品质,锻炼他们的创新精神、实践能力和社会责任感,促进弱势青少年的全面健康成长。在教学中应充分发挥体育运动中"合作"的互动模式,帮助他们养成为了达到共同的目标自觉或不自觉地在行动上相互配合的一种互助方式。这对弱势青少年融入集体、塑造积极乐观、自信豁达的性格非常重要。

应该充分发挥体育运动中充沛的情感交流。鼓励青少年全身心地投入到体育运动和竞赛中,体验努力、拼搏以及成功、失败的不同体验,进而锻炼他们的心理适应能力和心理韧性;鼓励青少年积极投入到团队协作的竞赛活动中,在与同伴的沟通、合作和竞争中,体验丰富的人际交往模式、互动模式,体验到来自队友和教练的支持,体验到自己在团队中的不可替代性,体验到自己是集体中的重要角色,这些都是体育教学中独有的优势资源,能极大地帮助弱势青少年建立自信、积极、乐观、坚韧的性格品质,是他们非常宝贵的成长经验,也是他们未来能够表现出健康的社会适应能力的提前演练。

(三)通过体育运动培养自信心

1. 鼓励弱势青少年通过体育建立自信

对弱势青少年而言,体育教学中的另一个优势是能够相对缩小他们与普通青少年的初始差距,能够更快地帮助弱势青少年找回自信、建立健康的人格。因为相当的弱势青少年都来自贫穷、留守儿童、单亲家庭,他们在早期教育特别是经济投入方面也许不如普通青少年,但是他们大多数都身体健康,虽然他们在文化教育水平上略显弱势,但是可以通过体育运动和竞赛证明自己并不比别人差,甚至还非常优秀。这对帮助他们建立完整的人格、健康的自我认知都有积极作用。

学校和教师应该特别注意挖掘弱势青少年自身潜在的优势,并给予他们足够的关注和支持。在条件允许的情况下,帮助他们创造展示自身能力和才华的机会,对他们是一种极大的鼓励。

有很多弱势青少年是留守儿童或者城市农民工子女,由于他们早期颠沛流离的生活环境,其同伴关系不稳定,亲子关系较疏离,由此而衍生出的自我认识水平低、学习落后、人际适应等一系列的问题。这些问题往往需要很长时间才能改善或者治愈,而且还需要心理疏导、心理干预等多方面的辅助,但是这对于大多数的弱势青少年而言太过奢侈,他们不可能享受这样的机会和条件。而学校的体育教学却可以发挥积极作用。

2. 鼓励弱势青少年承担一定的责任

弱势青少年是教育教学工作的重心,学校应当在了解不同弱势青少年在社会适应中表现出的特点,给予不同的帮助和资源支持。比如,为了有针对性地帮助弱势青少年适应社会,鼓励他们多参加校内外的体育项目,担任一定的班级职务,提高他们的责任感和使命感的同时,还能督促他们锻炼班级间或者校级间的互动沟通能力、人际交往能力。

比如鼓励弱势青少年担任学校体操领队,或者参与学校运动会的组织工作,或者在教师的指导下参与一定的校外竞赛活动的服务工作,等等。在参与这些校内外的工作活动时,很好地激发了弱势青少年的责任感,也培养了他们的自信心。不仅让他们有机会提前得到社会适应的锻炼,培养了沟通能力、观察能力、组织能力、洞察力、协调能力,等等。而且,通过与教师的密切互动,还能让他们感受到来自教师和学校的强有力的支持,自己得到的积极关注,以及通过努力学习和工作获得的胜任感和成就感,对他们来说,都是非常宝贵的积极反馈。

青少年代表了国家的未来和希望,这不仅是国际社会的普遍认识,也是现实指向的必然结果。然而弱势青少年群体也是社会发展的必然代价。社会性弱势、家庭性弱势、教学性弱势和个体性弱势正侵蚀着青少年儿童的正常发展,这是国家、社会、家庭和学校要共同努力协同解决的大问题。但是作为社会教育的主体——学校和教师在其中肩负着最艰巨的使命和责任,需要他们在工作中付出更多的努力、更多的关注、更大的投入,帮助改善弱势青少年的学习处境,关怀弱势青少年的教育与权利。让每一个孩子都得到相对良好的关照和优质教育,解决弱势青少年的现实学习困境,也是帮助他们走出代际传递的恶性循环。如果说家庭是支撑青少年社会化成长的基石,那么学校就是青少年社会化过程中重要的舞台。学校在为青少年成长提供良好的知识教育的同时,也要关注他们的身心健康发展和良好品质的塑造,更要在教学中加强生存教育、心理教育,帮助他们适应社会,引导他们形成正确的人生观、价值观,从而练就了克服困难的坚韧意志,培养他们的自尊自信、积极进取的人格特质。引导青少年平安健康地成长发展。

第七章　体教融合下青少年安全教育与管理

随着学校教育的不断改革和校园体育的不断拓展与延伸，青少年学生的活动范围越来越广，不限于校园范围内，在社会公共场所参与体育活动、在自然环境中参与户外运动、野外生存等也越来越普遍，不管是在什么场所和环境中进行活动，首先都要考虑安全问题。但是，因为学校安全教育的缺失，青少年对安全常识和安全防护技能掌握得非常少，以至于在实践活动中遇到自然灾害、紧急事故时"束手无策"，对生命安全造成了严重威胁。安全教育不应该只是一句口号，而应作为一门课程加以重视，并在学校体育教育、文化教育中渗透安全教育，使青少年掌握基本的安全知识和安全技能，提高青少年自我保护能力。本章主要从体教融合出发来探讨青少年安全教育与管理，主要内容包括校园暴力防范教育、应急安全教育、自然灾害安全教育以及体育运动的安全教育。

第一节　校园暴力防范教育

近年来，我国频频发生校园暴力事件，给师生人身安全和学校财产安全带来了严重的威胁，也对学校教学秩序和管理秩序造成了严重破坏。从近几年发生的校园暴力事件来看，呈现出发生范围广、事件性质恶劣、发生频率高、伤害严重以及群体化、低龄化、反复性等特征和趋势。频频发生的校园暴力事件严重危害了青少年的身心健康和生命安全，对青少年成长与发展非常不利，而且也影响了校园和社会的和谐安定。对此，学校、家庭和社会要对校园暴力给予高度重视，共同加强对校园暴力的防范和处理，切实保护青少年的生命安全，为青少年健康成长与全面发展提供良好的环境。本节主要从学校、家庭、社会出发分析校园暴力防范教育方式。

一、开展丰富多彩的校园体育活动

青春期的学生有旺盛的精力,随着生理发育,分泌大量的荷尔蒙,常常处于兴奋状态的青少年总会找一些方式来释放和宣泄,但因为心智发育不成熟,再加上社会不良风气的影响,一些学生通过打架斗殴的方式来释放精力,宣泄情绪。对此,学校要进行正确的引导,充分认识到体育活动对帮助学生发泄及释放冲动的重要作用,开展丰富多彩的校园体育活动,鼓励学生参与有趣的课外体育活动,将体育运动作为释放压力和宣泄情绪的重要途径,既能够锻炼身体,又能解决不良心理问题,促进心理健康,同时还能建立友好的同学关系,提升社会适应力,使校园氛围变得融洽与和谐,净化学校风气,有效规避和遏制校园暴力、霸凌。

二、体育教育中渗透思想政治教育

(一)价值观教育

有学者指出,学校发生暴力事件,从根本上来说是学生价值观缺失造成的,因此在思想政治教育中首先要进行价值观教育,具体从以下几方面进行。

首先,在价值观教育中,确立学生的主体地位,使青少年学生在适宜的范围内自由发展。学生发挥主动性、能动性及创造性是其主体地位的重要体现。为了便于学生发挥主体性,教师要改变传统教育中的灌输式教育模式,让学生成为课堂的主人和主角,使学生积极主动地发挥自己的主体性。价值观教育要结合学生在生存生活及学习中遇到的实际问题而展开,以解决实际问题为宗旨,使学生能够独立自主地解决问题,在自立自强中实现自由发展。

其次,在价值观教育中确立促进学生全面发展的教育目标,使学生在学习、生活中都能获得成长与发展。通过普及和培养科学价值观而促进价值观的内化及从理论向实践的升华,使学生的智力和道德得到共同发展,进而实现全面发展的目标。

最后,价值观具有个体性特征,如随机性、任意性、主观性等,此外,价值观也有社会性特征,主要从性质、形式、内容等方面体现出来。价值观的个体性与社会性特征是对立统一的,学生要从辩证的视角予以理解,在此基础上同样从辩证的视角对个体价值理想(价值目标、价值取向、价值认同)与社会价值理想(价值规范、价值标准)的对立统一关系有正确的理解。从而正确对待价值观,不要使价值观的个体性内涵被其社会性内涵扭曲,更不能将个体性内涵取消,否则培养出来的学生没有个性可言。与此同时,价值观的社会性内涵同样不能被个性化内涵所排斥和取代,否则就无法形成和谐稳定的社会秩序。只有辩证地理解价值观的社会性与个体性,在此基础上进行科学价值观教育,才能从根本上正确引导学生的言行,并使学生以科学的价值观约束自己,成为新时代全面发展的新型人才。

(二)生命教育

在体育教育中,教师要结合具体案例让学生从根本上认识生命的本质和意义,从而培养学生敬畏与珍惜生命的正确观念。我国的学校教育中,生命教育一直都没有受到重视,生命教育在各学科包括体育学科中的渗透性不强,导致学生对生命的认识与理解不够准确、丰富和深入,从而使其做出一些危害他人生命的暴力行为。对此,学校要特别重视生命教育,将生命安全教育融入各学科教育尤其是有一定危险的体育学科教育中,使学生对生命的意义有正确的认识与理解,培养其对生命负责的意识,杜绝漠视生命、危害生命等思想的产生。

体育教育过程是不断变化的,生命安全教育的过程同样也是动态发展的,这是二者结合的重要基础条件。在体育教育中渗透生命教育,要结合学生身边发生的校园暴力事件来进行,并将心理健康教育、法制教育结合起来,开展生命安全讲座,或让学生在体验式实践活动中体验生命的可贵,增强学生对生命的敬畏感和责任感,使学生从思想和心理上杜绝暴力,积极打击暴力行为。

(三)人格教育

现在的青少年大部分是家里的独生子女,受到父母和老人的宠爱,而且他们思想活跃,极具个性。长期在温室中生活的青少年在处理人际关系时容易以自我为中心,当利益受损时,容易产生消极心理,从而做出一些不当的行为,如校园暴力等。对此,在体育教育中要加强人格教育,要对学生的心理诉求予以调查和考虑,加强人文关怀,使教育内容、方式能够满足学生的诉求。在体育教育与思想政治教育相结合的过程中,还要将人格教育、人文关怀、道德教育等结合起来,精心挑选与这些教育有关的内容,有效引导学生的思想观念和思维意识。

此外,学校要关注学生的日常生活,了解学生家庭及周边发生的重大事故,关注学生的心理和性格。教师要主动了解学生,拉近与学生的距离,尊重学生的主体地位,维护学生的自尊,帮助学生学习与成长,及时引导学生消除不良心理,改正不良行为习惯,有效防止校园暴力等事件的发生,使学生在充满爱的环境中健康成长。

在体育与思想政治教育融合的全过程都应该贯穿人格教育,有效培养学生的思想习惯、心理性、生活习惯及交际习惯,对体育教育内容进行调整以适应培养这些习惯的需要,通过人格教育对学生健康人格的形成产生潜移默化的影响与作用。将人格教育融于体育教育中,需要注意以下几点。

第一,尊重学生的主体地位,因材施教,从学生的兴趣爱好出发对教育内容进行补充与完善,采取学生感兴趣的形式展开教学工作。

第二,在教育中贯彻生活化原则,结合学生的日常生活而丰富教学内容,选择学生比较熟悉和亲切的教学方式,从学生的生活中对教学资源进行挖掘,因势利导。

第三,加强教育方式的改革与创新,对启发式、柔和式等教育方式予以运用,循循善诱,潜移默化中促进学生健康人格和良好品行的形成。

(四)法制教育

在思想政治教育中,法制教育是非常重要的一个组成部分。防范校园暴力事件,必须加强法制教育。校园暴力事件的组织者和参与者之所以能够做出这样的行为,与其法律意识淡薄有直接的关系。调查发现,学校虽然对学生进行了基本的法制教育,但并没有结合学生身边最新发生的案例去教育学生和警示学生,所以没有取得良好的教育效果,还是有很多学生对法律知识一无所知,不了解组织与参与暴力事件将承担的法律责任和后果。为提高法制教育的效果,要求教师结合学生身边发生的典型案例来教育学生,使学生以此为戒,自觉约束自己的言行,自觉遵守法律,做一名懂法、守法的好学生,坚决杜绝违法乱纪的行为,如此促进学生法治思维和素养的提升,并使学生在成为校园暴力的受害者时学会运用法律武器保护自己,不要让施暴者逍遥法外。

(五)心理健康教育

在社会转型期,社会生活的各个方面都充斥着多元价值观,多元社会价值观又在学校教育中渗透,导致学生思想观念发生混乱,影响学生正确认识世界和正确处理人际关系,从而造成了学生的心理问题和社会适应问题。对此,在高校体育和思想政治教育的融合中,还要加强心理健康教育,针对青少年学生的心理发育特征、心理问题进行有针对性的心理教育和心理辅导,培养学生的健康心理素养,完善学生的个性心理特征,使学生合理宣泄不良情绪、控制自己的情感、与同学友好相处、形成集体主义观念,预防学生因情感冲动而做出暴力行为。

三、家庭教育

作为孩子的第一所学校,家庭在人的一生中具有重要的意义。家庭教育对孩子的一生都有影响,所以被称为孩子第一任教师的父母要做好对子女的教育工作,包括生命教育、道德教育及其他各方面教育,为学生的成长与发展打好基础。家长要多与孩子沟通,对孩子的思想动态尤其是青春期孩子的思想、行为有所了解,并给予正确的引导。同时家长也要通过言传身教的方式来教育孩子,自己先杜绝暴力,不施暴,并严厉斥责社会上的暴力行为,如此才能启发学生不参与校园暴力,与同学友好相处。家长还要教育孩子面对他人暴力对待时,采取正当防卫手段来保护自己,并在事后配合学校或有关部门的调查,使暴力者得到应有的处罚。

四、学校管理

校园暴力事件主要发生在校园或者校园周边,学校理应负起主要责任,严格加强管理,具体要落实以下工作。

第一,对相关教育法规作正确解读,对学校管理制度予以制定,并积极落实制度规定,对学生的学习和校园生活严格管理。

第二,加强日常管理,做好巡视检查工作,有效预防和及时制止校园暴力事件。

第三,加强校园安全教育,培养学生的安全意识和自我保护能力。

第四,加强生命教育和人格教育,提高学生的道德素质,使学生树立对自己和他人生命负责的意识。

五、社会治理法规制度

校园暴力治理是社会治理的一个重要组成部分,因此要从社会层面来加强对校园暴力的治理与管理,要整合社会力量来构建多元主体共同参与的有序的、有效的治理模式,提高治理效率和管理效果。从社会层面对校园暴力治理机制进行构建,首先要思考如何健全与完善社会治理法规制度体系这一问题,校园安全法律法规建设也应该作为其中的一部分予以重视。从非常权威的法律视角将校园安全问题中涉及的责任主体和校园人的行为准则明确下来,从法律层面坚决打击校园暴力事件。此外,还要在总制度的基础上逐层完善地方制度、学校制度等各级制度,从而使相关制度在自上而下的运行中真正落实。

第二节　应急安全教育

在学校、户外、公共体育场所等不同环境下开展体育活动,可能会遇到各种突发的安全事件,若不及时应对和紧急处理,则可能造成严重的安全事故。本节主要分析青少年在不同环境下参与体育运动可能发生的紧急事件及应急处理方式。

一、溺水

溺水事件常发生在户外水上运动尤其是游泳运动中,暑期青少年溺水事件经常发生,必须给予高度重视。溺水者常因呼吸道遇水刺激发生痉挛,或吸入异物而造成阻塞,引起窒息或缺氧,应抓紧时间抢救。

(一)提前防备

(1)不在危险区域玩耍、游泳。

(2)不了解现场水情时不要轻易下水。

(3)施救者做好自身保护,从后面、侧面救人。

(二)应急要点

1. 自救

(1)落入水中后保持冷静,不胡乱挣扎。

(2)以适当的姿势保存体力,防止抽筋。

(3)呼吸要尽量吸气深,呼气浅。

(4)抽筋时握住脚尖,反复屈伸。

2. 救助他人

(1)尽量用木杆、绳子、救生圈等工具救人。

(2)应在溺水者背后将其拖带上岸。

(3)水性不好或不了解水中情况则不能轻易下水,应呼救或报警。

(三)现场急救

(1)倒出溺水者体内积水,迅速清除泥沙等异物。倒水时,解开溺水者衣扣,将其腹部放在抢救者大腿上,按压其背部。

(2)立即实施心肺复苏法,必要时进行胸外心脏按压。

(3)让溺水者侧卧,注意保暖。

二、森林火灾

户外运动尤其是野外生存中可能会遇到森林火灾,火势在林地间蔓延、失控、破坏生态、危害安全,必须加强防范,做好应急工作。

（一）提前防备

（1）不在恶劣天气去山林中。

（2）按规定使用明火，杜绝点火、燃纸等火灾隐患。

（3）加强监管，防止玩火成灾。

（二）应急要点

（1）发生火灾应立即报警，组织扑救。

（2）用湿毛巾捂住口鼻，逆风向下逃。

（3）避开陡坡、山谷等危险地带。

（4）被困火场时，应在烧过处，或植被稀少的地方卧倒。

（三）错误做法

（1）在林区内点火、野炊。

（2）在林场燃纸、放炮。

（3）发生火灾时，向上或顺风跑。

三、体育游戏中的意外事故

青少年在课余时间喜欢参与一些体育游戏活动，并伴随玩耍、打闹，而不当的嬉闹可能造成伤害事故，必须提高警惕。

（一）提前防备

（1）游戏时，注意场合、分寸。

（2）不搞突袭。

（二）应急要点

（1）游戏打闹中造成伤害，应判断受伤部位、情况。

（2）及时进行现场抢救和处理，并报告老师。

（3）在老师和医护人员赶来后，积极提供相关信息，配合救治。

(三)错误做法

(1)用蛮力冲撞他人。

(2)不安规定使用游戏器材。

四、野外求生

野外活动是亲近大自然的休闲运动方式,但容易遇到迷路、断水等险情。青少年应学习野外求援和求生知识,以便保护自己和他人。

(一)提前防备

1. 准备充分

(1)掌握目的地的信息(环境、气象等)。

(2)准备必要用品,如地图、食物、水、药、应急用品等。

(3)设计行动路线、时间及应急计划,分工明确。

2. 紧跟团队

在活动中,随时和队伍保持联系,不轻易单独行动。

3. 掌握技能

掌握找水、找食物、辨别方向等基本方法。

(二)应急要点

1. 判断方向

将一根直标杆垂直插在地上,在标杆影子顶端 a 处放一块石头,10分钟后,在标杆影子顶端 b 处放一块石头,ab 连线为东西方,南北方与其垂直,向太阳的一面为南方。

2. 寻找水源

绿色坚果、竹茎等植物的有关部位可以取水;跟踪人或动物足迹,在植物茂盛的山脚下、峡谷底和斜坡下容易找到水源。

3. 寻找食物

(1)植物。温带的蒲公英、荨麻、车前草;热带、亚热带的无花果、竹类、棕榈类等可以食用。

(2)动物。掌握动物活动规律,观察啃食痕迹,注意排泄物及土堆,并设置陷阱。不要吃动物肝脏和生病的动物。

4. 野外行走

(1)山地。有路不穿林,有大路不走小路。攀岩用"三点固定法",走草坡时,按"之"字横向斜进,在陡坡上双脚横行。

(2)丛林。穿靴子,扎紧裤脚和袖口,靴面涂肥皂,并戴上手套,携带木棍边走边拨打。

(3)沙漠。晓宿夜行,慢走,走 1 小时,休息 10 分钟。

5. 野外宿营

(1)选择背风防雨、地势较高、离水源较近、附近有林木的平坦干燥、山洪无法淹没处扎营。

(2)野炊后要彻底熄灭火。

(3)床离地 1 米以上,准备防身用品,夜间轮流值班。

6. 求救

(1)点火。点燃三堆火,摆成等边三角形。制造浓烟,青草、树叶产生浓烟,在丛林、夜间比较醒目;橡胶、塑料产生黑烟,在雪地、沙漠比较醒目。

(2)吹哨。吹三声口哨,隔 3 分钟再重复。

(3)反射光。利用阳光、反射镜发出红光等信号。①

五、公共场所突发事件

在公园、体育馆、广场等公共场所遇到紧急情况,易发生拥挤、混乱、踩踏,从而容易造成伤亡,要加强防范。

---

① 李贵勇,锁冠侠. 青少年应急避险手册[M]. 兰州:甘肃人民出版社,2010.

（一）提前防备

（1）进入公共场所后，观察安全通道、应急出口等位置。

（2）参加公共活动时，分析所处环境，远离危险区，随人流有序前行。

（3）收听广播，服从现场指挥。

（二）应急要点

（1）发生紧急情况时，保持冷静。

（2）寻找安全通道、应急出口，确定转移路线。

（3）尽快从就近安全出口有序撤离。

（4）跌倒时，立即收缩身体，抱住头部。

（三）错误做法

（1）盲目拥堵，随人流狂奔。

（2）慌乱拥挤。

（3）逆人流行动。

第三节　自然灾害安全教育

一、地震

地震是地球能量释放的结果，它的易发生地呈带状分布。地震引起的建筑物倒塌会造成严重伤亡事故，青少年需要掌握关于地震逃生的常识。

（一）避险要点

1.室内避险

（1）平房。如果室外开阔，则头顶保护物迅速跑出室外。若来不及跑出，则躲藏在桌子、床等坚固的家具下，用毛巾或衣物捂住口鼻。

（2）楼房。

①在厨房、卫生间等小空间内躲避。

②躲在墙根、墙角、坚固家具旁,保护好头部。

（3）公共场所。

①躲藏在坚固的柱子或墙角下,避开玻璃窗、货架、吊灯等。

②保护头部,蹲伏在桌椅下。

2. 室外避险

（1）城区。避开大建筑物、立交桥、高压线、储气罐、广告牌等,保护头部迅速跑到开阔地带。

（2）野外。避开陡崖、高墙,迅速到空间开阔处。

（二）错误做法

（1）短时内返回室内。

（2）乘电梯。

（3）跳楼。

（4）顺着滚石跑。

（5）拥挤乱跑。

（6）靠近门窗、阳台、外墙。

（三）灾后自救

1. 保持清醒

有人时,大声呼喊或敲击管道;无人时,保持体力,间断发声。

2. 腾出空间

设法挣脱手脚,清除压在身上的东西。

3. 防止坠落

无法离开时,应设法支撑可能坠落的重物,确保安全的躲藏空间。

4. 捂住口鼻

用湿毛巾捂住口鼻,以防烟尘。

5. 小心火电

如果有异味,不要使用火具或电子装置。

二、风灾

风灾包括台风、龙卷风及沙尘暴等。风灾常会带来雷雨、洪水、海啸等自然灾害,严重危害生命、财产安全,所以要做好安全防患。

(一)避险要点

(1)遭遇大风时,就近躲入地下室或安全的小房间,远离外墙、门、窗。
(2)在野外时,寻找低洼处趴下,双手抱头。
(3)在大风中,快速朝风向垂直方向逃离。

(二)错误做法

(1)在广告牌、输电塔等下面。
(2)大风中横穿马路。

三、雷电灾害

雷电是指在云与云或云与地间的击穿放电现象,常伴有强烈的闪电和巨大的雷声。雷电是非常严重的一种自然灾害,对此要保持高度警惕。

(一)避险要点

(1)关闭门窗,远离门窗、阳台。
(2)拔下插头,禁用电器。

(3)室外时,及时躲避,远离各种电线。

(4)如果在水中活动,应立即离开水面。

(5)找不到避雷场所时,应在地势低处蹲下。

(二)错误做法

(1)树下避雨。

(2)用电器。

(3)打电话。

(4)骑车或狂奔。

(5)水中活动。

(三)灾后互救

(1)受伤者昏迷,有呼吸和心跳时,使其平卧休息,随后送医院治疗。

(2)受伤者没有呼吸和心跳时,马上进行心肺复苏法抢救,并拨打急救电话。

四、暴雨

暴雨易导致山洪暴发,山体滑坡,造成严重危害,必须做好安全防护。

(一)避险要点

(1)房屋危旧或地处低洼,应及时撤离,并关好电。

(2)山洪暴发时,应快速向两侧跑,到高处等待救援。

(3)远离电器、电线,最好切断电源。

(4)在水中行走时注意观察,避开井坑。

(二)错误做法

(1)在变压器下避雨。

(2)不了解情况盲目涉水。

(3)顺着水流跑。

五、滑坡

滑坡是指斜坡上的岩石在重力作用下,沿一定面整体或分散顺坡下滑。这是一种严重的自然灾害,青少年要掌握紧急避险的基本知识。

(一)避险要点

(1)发生滑坡时,不能慌乱,有组织地组织人员疏散。
(2)逃离时,应向两侧奔跑。
(3)无法逃离时,停留在较平缓的开阔处。

(二)错误做法

(1)在滑坡频发区长时间逗留。
(2)沿滑坡方向逃跑。
(3)盲目进入灾害区。

六、泥石流

泥石流是由暴雨、冰雪消融等引起的快速泥石洪流,常伴随山洪、滑坡等灾害,多发生在山地、沟谷地带,在山地活动时要特别注意安全。

(一)避险要点

(1)发生泥石流时,应迅速向山谷两侧山坡或高处走,注意避开滚落的山石。
(2)扔掉影响逃生速度的物品。
(3)到达安全地带后,要清点人数,积极搜寻。

(二)错误做法

(1)大雨后待在泥石流易发区。
(2)顺着泥石流向下跑。
(3)在谷底、河口扎营。
(4)盲目进入灾害区。

第四节　体育运动的安全教育

随着全面健身活动和阳光体育运动的开展,越来越多的青少年热爱篮球、足球、毽绳等体育运动,在课后积极参与体育游戏,体育锻炼时间逐渐增加,但因为体育的竞技性、开放性等特征以及各种因素的影响,青少年参与体育活动的过程中常常发生运动伤害事故,从而对青少年的运动热情造成了影响,也对其健康造成了危害。这就要求在学校体育中加强安全教育,培养学生在运动锻炼中的安全意识,使学生在运动过程中做好安全防护,及时采取安全急救措施来应对紧急运动伤害事故,提高学生的自我保护与保护他人的能力,减轻运动事故对学生健康造成的危害,使学生顺利参与体育活动,在体育运动中增强体质,健全心理和道德人格,提升社会适应能力,实现全面发展。

一、了解体育锻炼安全常识

(一)合理选择与安排锻炼时间

青少年适合在早上、下午第二节课后或傍晚前锻炼身体,不适合在中午、睡前做剧烈运动。早上运动锻炼时,适合选择的项目是跑步、早操等户外运动,简便易行,能够使肢体充分活动,并能对心肺功能进行锻炼。注意时间宜短,以中小强度为主,以免身心过度疲劳而对整天的学习产生不利影响。对于青少年来说,一天中最佳锻炼时间是下午第二节课后或傍晚前,运动量比早上稍大些,放学后锻炼可适当增加锻炼时间。

(二)选择合适的运动服(鞋)

青少年上体育课或参加课外体育活动,要穿柔软、透气、吸水好的运动服,衣服不能太紧,否则会限制身体活动。此外,要穿轻便、透气、有弹性的运动鞋,尺寸大小、鞋底厚度要适宜。注意保持运动服和运动鞋的干净、卫生。

(三)做必要的准备活动

在运动前要做必要的准备活动,如慢跑、跳跃、活动操、运动部位拉伸等。通过做热身练习,使肌肉关节舒展开来,调动身心因素,快速进入良好的运动状态。准备活动还有预防运动损伤的作用。

(四)做好安全防护

在运动锻炼中,青少年要集中注意力,保持稳定的情绪,戒骄戒躁,克服紧张心理,专心致志,充分发挥运动能力,正确完成技术动作,并保护自身安全。科学的运动锻炼应该具备运动强度、运动量及运动时间均适宜的特征,只有按照科学的运动处方进行锻炼,就能有效延缓疲劳出现的时间,预防运动伤病。此外,青少年要选择安全、卫生的环境来锻炼,减少外在因素对正常运动造成的不良影响。

(五)注意饮食营养

青少年早上锻炼时不能空腹,要适当补充食物,如喝牛奶,吃少量固体食物等。傍晚锻炼前也不能空腹,但也不要在过饱的情况下锻炼。饮食时间和锻炼时间至少要间隔半小时到一小时,主要取决于饮食量。青少年处在生长发育的关键期,平时要多注意全面均衡地补充营养。此外,运动锻炼会消耗人体大量的能量,营养需求量也比平时多,因此在运动锻炼期间青少年要适当增加营养补充量,注意膳食健康、营养均衡。

二、构建体育课程安全教育模式

(一)体育课程安全教育模式构建的背景

因为体育运动具有竞争性、对抗性、竞技性、开放性等特征,所以体育课程教学也伴随着一定的危险,但体育课程本身对培养学生的自我保护能力、环境适应能力、运动能力、良好心理素质也有积极影响,从而使学生在危急关头运用所学知识和技能克服危险,表现出良好的身体素质和强大的心理素质,快速反应,灵活应对,脱离危险,保护自身与他人的安全,这也是校园安全教育的主要目标。鉴于体育课程的强身健体功能、防卫功能及其本身的危险性,应将生命教育融入体育课程中,并从体育课程的特征及安全教育的现状出发而开发一种特色化的课程模式,使学生在体验式教育中掌握安全技能和提升身体素质、运动能力的方法,并培养学生从容应对危险的心理素质。有关教育工作者在多年的体育教育实践中深入渗透安全教育,积极探索体育与安全教育相结合的课程模式,从而构建了体育课程安全教育体系,如图 7-1 所示。

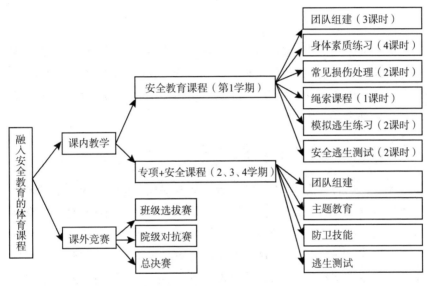

图 7-1　体育课程安全教育模式①

(二)体育课程安全教育模式的构成内容

　　安全教育是一个复杂系统,教育效果又是在潜移默化中实现的。在安全教育中要对学生的安全意识进行培养,使学生对不安全因素保持高度警惕,在遇到危险时能够冷静思考,沉着应对,正确判断,科学分析,勇敢决断,最终运用安全知识和技能来摆脱困境。为了培养青少年学生的安全防护意识与能力,要在体育课程安全教育模式的实施中从课内教学和课外竞赛两方面展开教育和培养工作。

①　季建成.体育与生命安全教育[M].北京:北京体育大学出版社,2012.

1. 课内教学

将课程方案确定为"1＋X"，其中"1"指的是在一年级第一学期的体育课程必须都融入安全教育，而且安全教育贯穿于每节体育课始终，要设计含有安全教育的体育课程内容，旨在提高学生的安全意识，使学生认识到安全教育的重要性，掌握基本的安全常识和安全防护技能。"X"指的是在剩下学年的体育课程中穿插进行安全教育，每节课穿插安全教育内容的时间为10分钟左右。

2. 课外竞赛

为培养学生的安全技能，在关键时刻能保护生命安全，有必要定期举办校园逃生技能比赛，甚至可以将这项赛事纳入每年的运动会中，成为开幕式或闭幕式的表演项目，也可以直接作为正式比赛项目，比赛成绩计入运动会成绩中。

（三）体育安全与防卫课程

在安全教育理念下，教育工作者在体育课程安全教育模式的基础上又对体育安全与防卫课程进行了设计，进一步促进了体育教育与安全教育的深度融合，促进了体育课程内容的拓展与延伸，丰富了体育课程的内容与形式，也提高了体育课程的层次与水平。体育安全与防卫课程中主要包括救护知识与应用、团队建设与逃生、基本素质与技能、防卫知识与技能、攻防套路与练习等五个教学模块，它们相互联系，相互促进，相辅相成，缺一不可。在课程实施中，可根据教学要求和学生实际来安排各个模块的顺序。

三、掌握常见运动损伤的处理方法

（一）擦伤

1. 概述

运动中皮肤受挫致伤，症状为皮肤出血或组织液渗出。

2.处理

小面积擦伤:用红药水涂抹伤口。

大面积擦伤:先用生理盐水洗净,涂抹红药水,再用消毒布覆盖,最后用纱布包扎。

(二)挫伤

1.概述

因撞击器械或与他人相互碰撞而造成挫伤。单纯挫伤时,损伤处红肿,皮下出血,伴有疼痛;内脏器官受伤时,症状有头晕,脸色苍白,四肢发凉等,严重者甚至休克。

2.处理

24 小时内冷敷或加压包扎,抬高患肢或外涂中药。24 小时后按摩或理疗,在恢复期做功能性锻练。若怀疑内脏损伤,紧急处理后送医院检查。

(三)肌肉拉伤

1.概述

通常在外力直接或间接作用下,使肌肉过度主动收缩或被动拉长时引起肌肉拉伤。症状为局部疼痛、压痛、肿胀、肌肉发硬、痉挛、功能障碍。

2.处理

轻者即刻冷敷,局部加压包扎,抬高患肢。24 小时后进行按摩或理疗。若肌肉大部分或完全断裂,在急救后固定患肢,立即送医院治疗。

(四)出血

1.概述

血液从损伤的血管流出称为出血,包括外出血和内出血。外出血指血液从皮肤创口向体外流出,内出血指血液从损伤的血管内流出后向皮下组织、肌肉、体腔及胃肠和呼吸器官内注入。

2. 处理

(1)抬高伤肢。四肢出血时立即将伤肢抬到比心脏部位高的位置,降低出血部位的血压,以免流血过快、过多。

(2)加压包扎。毛细血管和小静脉出血时采取加压包扎的方法,将红药水涂在伤口,然后将消炎粉洒在伤口处,用纱布垫盖,再包扎。

(3)指压止血。血管出血时,手指指腹在出血处用力压迫予以阻塞,达到止血效果。毛细血管、静脉和动脉出血,手指按压的部位不同,这三种情况分别是直接按压伤口、压出血口下端和压出血口上端。常见出血部位的指压止血方法如图 7-2 至图 7-5 所示。

图 7-2　头前部止血

图 7-3　面部止血

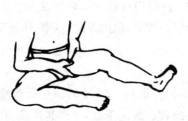

图 7-4　大腿止血

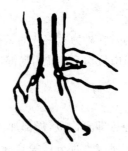

图 7-5　足部止血

第八章 体教融合下青少年健康成长与发展的科学指南

成长与发展过程是人生中最重要的过程,也是一个非常容易走进误区的过程,必须要在科学的指导之下进行各项活动,才能使青少年的身心获得健康的成长和发展。本章将从健康饮食和合理运动营养、形成健康的生活方式、积极预防常见疾病、走出运动误区这四节内容,对体教融合下青少年健康成长与发展的科学指南进行具体阐述。

第一节 健康饮食和合理的运动营养

一、健康饮食结构

(一)健康饮食结构的要求

1. 食物营养成分互补

青少年在生长发育的过程中,身体所需要的营养物质是多种多样的,只有满足身体的每一种营养物质需求,才能保证青少年健康成长。而食物中所含的营养物质具有相对单一的特点,比如肉蛋奶中富含蛋白质,蔬菜水果富含维生素和无机盐,各类主食富含糖类,只有将这些食物结合起来,才能满足人体对营养物质的多样化需求。因此,健康的饮食结构要求,必须保证青少年食用的各种食物之间具有营养成分互补的特点,保证青少年能从不同的食物中获得全面的营养物质。

2. 营养成分要满足青少年生长发育的特点

人生的不同阶段,机体对营养物质的需求是不同的。青少年时期是人生长发育的重要时期,一方面需要保证青少年获得充足数量的营养物质,另一方面需要注意青少年获得的营养物质的种类结构,应该形成高蛋白、高热量、高维生素、适量脂肪的营养物质结构,为机体发展提供充足、合理的营养物质。

3. 要做好特殊体能消耗的补充

日常饮食提供的营养物质足够支撑日常活动,但是对于特殊的体能消耗活动,应当适当调整饮食,以保证充足的营养物质支持。比如进行了一定的体育劳动之后,完成一定的运动锻炼之后可以适当地增加饮食量。

(二)人体所需的主要营养物质

1. 蛋白质

(1)蛋白质的作用。蛋白质是支撑人体进行生命活动的最重要的营养物质,它的作用包括:构成机体组织、促进生长发育;构成身体中的酶和激素;调节人体的酸碱平衡;增强人体免疫能力;为身体提供热能等。一旦身体中的蛋白质含量不足,人的机体就会出现各种问题,比如肌肉萎缩、贫血、免疫力降低、内分泌紊乱等。青少年时期如果缺乏充足的蛋白质,还可能会导致无法正常生长发育,出现身材矮小等状况。

(2)蛋白质的来源。人们主要通过食物获得蛋白质。肉类、蛋类和奶类是主要的动物性蛋白质来源,豆类则是主要的植物性蛋白质来源。由于我国的饮食结构为高碳水型饮食结构,即以谷类为主食,所以即使谷类植物中的蛋白质含量仅为 10% 左右,也是我国人民的重要蛋白质来源。中国营养学会建议:我国成年人的蛋白质摄入量应该为每日每千克体重 1.0～1.9 克,青少年的蛋白质摄入量应该为每日每千克体重 3.0 克左右。经常进行运动锻炼的人,应该根据自己的实际情况适当地增加蛋白质的摄入量。

2. 脂肪

(1)脂肪的作用。脂肪是人体细胞以及一些组织的重要组成部分,作用包括:为身体提供热量、参加机体新陈代谢、保护内脏、保持体温稳定、促进溶脂性维生素的吸收等。

(2)脂肪的来源。动物性脂肪的来源主要包括各种动物油脂、奶油和蛋黄等,植物性脂肪来源主要包括各种植物食用油以及各类坚果等。此外,各种谷物中富含的糖类,也可以在人体中转化为脂肪供机体使用或者储藏。

3. 糖类

(1)糖类的作用。糖类的主要作用是为机体提供能量,机体所需的能量中,有60%都是由糖类提供的。除此之外,糖类还是一些组织的组成部分;糖类还具有调节脂类代谢的作用,能够通过代谢为身体解毒;糖类对肝脏也具有一定的保护作用。如果机体中的糖类含量不足,人们就会出现低血糖的状况,后果为大脑机能下降,无法进入兴奋状态,无法继续进行运动,严重的情况下还可能会导致晕厥。

(2)糖类的来源。糖类是一种来源十分广泛的营养物质,我们日常饮食中的各种谷物主食里面所含的物质大概有80%为糖类。除此之外,人们还可以从各种甜食中直接获取糖类。

4. 维生素

维生素既不是机体组织的组成部分,也不能为机体活动提供能量,但是能够调节机体物质能量代谢,是机体必不可少的营养物质之一。按照维生素的性质对其划分,可以将维生素划分成脂溶性维生素和水溶性维生素两种,脂溶性维生素包含维生素 A、D、E、K 4 种,水溶性维生素包含维生素 B_1、B_2、C 等。

(1)维生素 A。维生素 A 主要作用于人的视力,能够保证人的正常视力水平以及维持上丰组织结构的健全。当人体中的维生素 A 含量不足时,通常会出现视力水平下降、人眼的暗适应能力下降等情况,严重的时候还可能会导致夜盲症。

维生素 A 最好的来源是各种动物的肝脏和鱼卵、乳品类、蛋黄以及胡萝卜、菠菜等黄绿色蔬菜。

（2）维生素 D。维生素 D 主要作用于人体的钙磷代谢以及骨骼生长发育，对于人体的钙吸收、骨骼的钙化以及牙齿的正常发育具有重要的作用。当人体中的维生素 D 含量不足时，可能会导致机体无法正常吸收钙物质，出现骨盐溶解的状况，进而导致脱钙现象。人们可以从鱼肝油、蛋黄和各种奶制品中获得维生素 D，此外，人体皮肤中的 7-脱氢胆固醇在阳光紫外线的照射下也能转化成维生素 D。

（3）维生素 E。维生素 E 能够增强机体在缺氧条件下的耐受能力，减少组织细胞的耗氧量，增强心脏功能，扩张人体血管，改善人体血液循环，在和维生素 C 结合的情况下，还能够预防和改善动脉硬化。人们一般从动物食品中获取维生素 E，植物食品中的小麦胚芽、玉米以及绿叶蔬菜中也富含维生素 E。

（4）维生素 B。维生素 B 主要作用于糖类代谢，它能够促进肝糖原和肌糖原的生成，保护神经系统的功能。此外，维生素 B 对于缓解机体的疲劳也具有显著的作用。人们一般可以从各种谷物中获取维生素 B，在维生素 B 缺乏的情况下也可以通过服用含有维生素 B 的保健药品进行补充。

（5）维生素 C。维生素 C 具有非常广泛的作用，首先它能够帮助机体进行氧化还原反应，提高 ATP 的酶活性；其次它能够促进伤口愈合；再者它能够促进造血机能，帮助身体解毒；最后它还能够缓解疲劳，帮助提高机体耐力，促进体力恢复。维生素 C 的来源十分广泛，各种水果和蔬菜中都能见到它的身影。

5. 矿物质

矿物质在人体内的含量约为人体重的 5%，是机体组织的组成部分，也是调节生理机能的重要物质。矿物质包含普通的矿物质和含量极小的微量元素两种，前者主要为钙、镁、钾、钠、硫、磷等，后者主要为铁、磺、氟、锌等。矿物质能够通过人体代谢被排出体外，因此在日常生活中要非常注重矿物质的补充。人体比较容易流失的两种矿物质分别为钙和铁，下面我们对这两种矿物质的作用和来源进行具体阐述。

（1）钙。钙是构成人体骨骼和牙齿的主要物质，能够帮助血液的凝结，维持神经在肌肉的正常兴奋性。一般正常成人每天需要的钙含量为 0.6 克，儿童、孕妇和老人可以在此基础上适量增加摄入的钙的含量。钙还可以通过排汗的方式排出体外，因此在大量运动的情况下也应该增加摄入的钙的含量。人们一般可以通过食用虾皮、海带、豆制品等食物补充身体所需的钙。

（2）铁。铁是构成血红蛋白的主要物质，当体内的铁含量不足时，人们可能会出现缺铁性贫血的症状，血液的载氧能力下降，身体机能水平也随之下降。一般一个成年男子每天需要补充的铁的含量为 12 毫克，青少年和妇女需要补充的铁为 15 毫克。铁也会随着人体排汗而被排出体外，因此在大量运动之后也应该根据自己的情况适量为身体补铁。一般人们可以从动物肝脏、动物血液、蛋黄以及各种肉类等食物中获取充足的铁。

（三）健康饮食结构的内容

1. 三餐的热能应该和工作强度相匹配

以早中晚三个时段人们的工作强度为标准，人们早中晚三餐的热能分配应该为早餐 25%～30%，午餐 40%，晚餐 30%～35%。现代社会很多人因为工作和生活节奏等原因，往往容易忽略掉早餐，而到了晚上又大吃大喝，这也是造成很多"文明病"的原因。我们应该根据科学依据安排我们的一日三餐，使我们的三餐符合健康标准。

2. 三餐之间的时间间隔应该合理

想要保持饮食健康，三餐之间的时间间隔也非常重要，每两餐之间的时间间隔应该保持在 4～6 小时。人们还应该养成规律的饮食时间，无论是进食的时间还是两餐之间的时间间隔都应该尽量保持相同。

3. 膳食结构应该保持平衡

（1）适当在饮食中增加粗粮，粗粮和细粮搭配。粗粮中含有很多细粮不具备的营养物质，经常吃粗粮能够锻炼人的牙齿功能，减少各种心脑血管疾病发生的概率，促进消化等，对身体十分有益。

（2）注重饮食多样化。人体需要从不同的食品中吸收不同的营养物质，因此要注意饮食结构的多样性，无论是主食、肉蛋奶，还是各种水果蔬菜都应该适量食用，要注意营养搭配。

（3）注重适应季节变化。饮食应该根据季节的变化而进行相应的调整，比如夏季的特点是天气燥热，人们的出汗量比较大，所以夏季的食物一方面要清淡爽口,一方面要适当增加盐分和酸味,开胃的同时为人们适当地补充盐分;冬天人们的热量消耗较多,因此冬天的饮食可以适当提高油脂含量,为人体提供充足的热能。

二、合理的运动营养

(一)运动项目的分类

表8-1以竞技运动项目为例,将运动项目分成体能主导类运动项目、技能主导类运动项目、技心能主导类运动项目和技战能主导类运动项目四种。

表8-1　竞技运动项目的分类[①]

大类	亚类		主要项目
体能主导类	快速力量性		跳跃、投掷、举重
	速度性		短距离跑(100m、200m、400m) 短距离游泳(50m、100m) 短距离速度滑冰(500m) 短距离赛场自行车(200m、1000m)
	耐力性		中长以上距离走、跑、滑冰 中长以上距离游泳、越野滑雪 中长以上距离公路自行车、划船
技能主导类	表现	准确性	射击、射箭、弓弩
技心能主导类	表现	难美性	体操、艺术体操、技巧、跳水、花样滑冰、花样游泳、冰舞、武术套路、自由式滑雪、滑水
技战能主导类	对抗	隔网	乒乓球、羽毛球、网球、排球
		同场	足球、手球、冰球、水球、曲棍球、篮球
		格斗	摔跤、柔道、拳击、击剑、武术散打

---

① 康喜来,万炳军.青少年运动训练原理与方法[M].西安:陕西师范大学出版社,2012.

(二)体能主导类运动项目的营养补充

我们将以体能主导类运动项目为例,介绍运动之后的营养补充。

体能主导类运动项目以 ATP—CP 系统供能为主,热量消耗比较大,但是持续的时间比较短,不需要氧气,不产生乳酸物质。

青少年在进行体能主导类运动项目之后需要补充的物质包括糖类、蛋白质、脂肪、维生素、无机盐和水。

运动之后的青少年需要补充的糖类为每日每千克体重为 8～12 克,但是因为我国高碳水的饮食结构,一般不用特别补充糖类。需要补充的蛋白质为每日每千克体重 1.8～2 克,运动前后都可以进行蛋白质补充,肉蛋奶以及各种豆制品中含有的蛋白质含量都非常丰富。补充的脂肪含量应该在 50 克以内,其中饱和脂肪酸的含量应该在 10％ 以下。维生素中应该重点补充的是维生素 B_1,因为维生素 B_1 是体能主导类运动项目主中主要需要的维生素,补充的量为训练时每日每千克体重 3～5 毫克,比赛时每日每千克体重 5～10 毫克;维生素 B_2 能够保持蛋白质的正常代谢以及维持神经系统的功能,需要补充的量为训练时每日每千克体重 2 毫克左右,比赛时每日每千克体重 2.5～3 毫克;维生素 C 能够增强 ATP 酶的活性,训练时补充的量为每日每千克体重 100～150 毫克,比赛时补充的量为每日每千克 150～200 毫克;维生素 PP 能够维持糖类、脂肪和蛋白质的正常代谢,需要补充的量为每日每千克 15～20 毫克。无机盐中的钙,青少年每日正常需求量为 600 毫克;磷的需要量每日为 2.0～2.5 克;锌的需求量为每日 2.2 毫克,但是因为人体对锌的吸收率只有 20％,所以每天需要供给的锌为 15 毫克左右;氯化钠的需求量为每日 8～15 克。青少年的需水量为每日每千克体重 40 毫升。

第二节　形成健康的生活方式

对现代人的生命健康影响最为显著的四个因素分别为遗传因素、环境因素、医疗因素和生活方式因素,其中生活方式对人产生的影响最大,其影响比重高达 60％。现代生活在为人提供众多便利的同时也给人们带来了许多健康隐患问题,如环境污染、饮食污染、生活节奏过快、营养过剩等,这些都威胁着人们的生命健康。而想要减少这些因素对人们生命健康的危害,仅仅依靠医疗条件是不够的,人们必须从生活中的饮食起居入手,形成健康的生活方式,才能保护我们的生命健康。

生活方式包括饮食营养、饮水、休息、心理四个方面,下面我们将从这四个方面出发,具体阐述青少年应该如何形成健康的生活方式。

一、合理营养

(一)现代生活方式中的营养问题

现代生活方式中主要存在三个方面的营养问题,分别是营养过剩问题、营养结构不合理问题、现代食物中非自然成分和有害污染过多的问题。之所以会形成这三个问题,是因为人们的口味和食物的营养成分之间存在较大的误差。出于口味人们可能会更愿意选择经过精加工以及添加了大量调味料和食品添加剂的食物,这些食物在味道、口感等方面存在优势,但是在营养健康方面可能会存在一定的不足。在物质丰富的今天,人们如果只遵从自己的口味选择食物,难免会形成上述问题。此外,由于环境污染导致的食物污染,也会造成营养问题。

(二)青少年的合理营养

青少年时期是人们形成习惯的关键时期,在青少年时期形成的习惯会对人的一生都产生非常重要的影响。因此,合理的饮食营养习惯最好从青少年时期就开始培养。日本医学专家吉川隆一教授提出,在 9 岁之前培养青少年形成科学健康的饮食习惯将会对其一生产生积极的影响。比如针对如今常见的高血压、糖尿病等疾病,如果从青少年时期开始就一直保持清淡、少盐的饮食,其患病的概率将会大大降低。

二、科学饮水

饮水习惯也是人们生活方式的一部分,和人的生命健康息息相关。现代生活方式中,很多人因为饮水不当而产生健康问题,比如长期饮用低氟的水,儿童患龋齿的可能性会增大,而长期饮用氟含量过多的水,人们患氟斑牙、氟骨症的概率会增大。除此之外,饮水不当还可能会导致人们患上心脏病、癌症等严重威胁人们生命安全的重大疾病,下面我们展开阐述饮水和心脏病、癌症之间的关系。

(一)水和心脏病之间的关系

水主要通过可溶解性固体含量和水的硬度两个因素对人们患心脏病的概率产生影响。可溶解性固体含量是用来衡量水中的矿物质含量的指标,水中的矿物质包括钙、镁、锌、铜、铬、硒等,这些矿物质对人体有益。经过科学研究发现,经常饮用可溶解性固体含量较高的水的人群,患心脏病等心血管疾病的概率,要低于经常饮用可溶解性固体含量较低的人群。

水的硬度也和可溶解性固体含量的高低有关,一般可溶解性固体含量较高的水,水质比较硬。人们通过对英国253座城镇的水进行分析,发现软水地区人们患心血管疾病的死亡率要比硬水地区的高10%～15%,并推算出最适合人类饮用的水的硬度应该为170毫克/升。在美国,也有人展开了关于水的硬度对心血管疾病影响的研究,他们选取了居住于3个不同地区的4200位成年人进行调查,最终得出的结论也是硬水地区人们患心血管疾病的死亡率要低于软水地区。

因此,青少年要注意饮水健康,尽量饮用可溶解性固体含量和水质达到健康要求的水,从饮水方面降低患心脏病等心血管疾病的风险。

(二)水和癌症之间的关系

经过科学家对美国100个大城市的饮用水进行研究发现,当水的状态呈现为:总溶解性固体含量大约为300毫克/升,硬水,偏碱性,每升含有15毫克的二氧化硅的时候,该地区因患癌症而死亡的人数就会减少10%～15%。这种情况是各种因素共同发生作用的结果,首先,富含二氧化硅的水对于预防癌症具有重要的作用,水中含有的二氧化硅的含量越高,患癌症的概率就越低;其次,总溶解性固体含量越高的硬水,越有助于预防癌症;最后,偏碱性的水能够防止水管上的重金属或者化学物质溶解到水中,避免人们因为饮用受到污染的水而患癌症。

青少年在饮水的时候应该注意饮水安全,关注水的性质以及水中各种物质的含量,从饮水方面降低患癌的可能性。

三、改善睡眠质量

(一)现代青少年面临的睡眠问题

根据我国教育部的规定:小学生的睡眠时间应该在 9 个小时以上,初中生的睡眠时间应该达到 9 个小时,高中生的睡眠时间应该达到 8 个小时。但是由于电子产品的诱惑、不良的作息习惯以及繁重的课业压力等原因,我国青少年的实际睡眠时间远远达不到标准。有调查显示,我国每天睡眠时间达到 10 个小时的小学生仅占小学生总人数的 33.4%,初中生中睡眠时间能够达到 8 小时的仅为初中生总人数的 22.9%。除了睡眠时间不足,睡觉时间不规律、睡眠质量差也是影响青少年休息质量的重要因素。

(二)改善睡眠质量的方法

1. 由于病理或者精神问题引发的失眠

由生理上的疾病,如肠胃疾病、感冒、发烧等问题引起的失眠,应该及时就医,只有通过治疗使疾病痊愈,失眠症状才会随之消失。精神问题也一样,应该科学对待精神问题,向医生寻求专业帮助,才能有助于缓解由精神问题引起的失眠症状。

2. 由于药物或者饮食引发的失眠

某些人可能会对某些药物产生失眠反应,如果发生这种情况,应该在购买药物时向医生说明,尽量使用其他药物代替或者减少相关药物的使用。在饮食方面,应该尽量避免在睡前饮用咖啡、绿茶等含有咖啡因的饮料以及食用一些含有咖啡因的食物。此外,当从食物中摄入不到足够的色氨酸和维生素 B 时,也很容易引发失眠问题。色氨酸是大脑制造血清的原料,而血清能够通过调节神经的兴奋度使人处于放松状态进而产生睡意。色氨酸含量最丰富的食物是小米,每 100 克小米中色氨酸的含量为 202 毫克,此外我们还可以从牛奶、香菇、葵花籽等食物中获取色氨酸。而维生素 B 含量比较丰富的食物有酵母、全麦食品、花生以及各种绿色蔬菜等。

3. 情绪上或者偶发性的失眠

(1)注意控制午睡的时间,午睡的时间不宜过长,以不进入深度睡眠为佳。此外,在失眠状况比较严重的情况下,可以考虑放弃午睡,以改善失眠状况。

(2)睡觉之前洗热水澡让身体彻底放松,睡前喝热牛奶也有助于睡眠,还可以放有助于睡眠的音乐或者点一些有助于睡眠的熏香。

(3)睡觉之前拒绝电子产品或者书籍,不进行深入思考。

(4)注意晚饭不要吃得太多或者太少,太撑或者太饿的状态都不利于睡眠。

(5)养成定时上床、规律睡眠的习惯。

四、调节心理

(一)运用冥想法调节心理

运用冥想法进行心理调节的具体步骤如下。

(1)选择一个安静的空间,身体自然放松地躺在床上。

(2)双眼微微闭上,意识掠过身体的每一个部分,使身体的每一处肌肉都充分放松下来。

(3)想象一个让你觉得放松愉快的环境,比如一片安静、美丽、祥和的森林,然后在脑海中将这个场景的细节描绘出来,想象生机盎然的草、盛开的美丽花朵、翩翩起舞的蝴蝶和蜜蜂等,使这些事物在脑海中清晰地呈现出来。

(4)转换场景,继续想象。这次想象的画面是一个宁静的海滩,阳光照在海面和沙滩上,风轻轻掠过人脸,海面起了几道细细的波纹。海滩上的一切事物不断向你靠近,你脑海中的景象越来越清晰。

(5)你的身体越来越轻,逐渐你的身体飘了起来,飘向了你想象中的场景,并且逐渐和你脑海中的场景融为一体,你成为宁静的一部分,你感觉越来越放松。

(6)根据自己的需要确定冥想的时间。

(7)结束时,慢慢将自己从想象的情景中抽离出来,做好面对现实的心理准备,缓缓睁开眼睛并起身,结束冥想。

(二)运用自我暗示法调节心理

1. 充分发挥榜样的力量

可以选择一个自己敬佩的人作为自己的榜样,不断在脑海中重复榜样的成功事件,在脑海中确定自己要向榜样学习的方面以及想要达到的目标,增强自己的动力。

2. 充分相信语言的力量

语言具有强大的暗示力量,研究发现,如果你经常对自己说一些消极、悲观的语言,你的行为也可能变得消极、被动;而如果你经常对自己说一些积极、鼓励的语言,那么你的行为也会因为受到鼓舞而变得积极、主动。

在进行自我暗示时,要充分相信语言的力量,相信可以通过语言暗示调节自己的心理。

3. 要充分肯定重复的重要性

重复能够增强暗示的效果,科学研究证明,进行自我暗示时,相同的语言至少要重复 6 次,才能显示出效果。

表 8-2 为不同次数的语言重复分别能够达到的效果。

表 8-2　不同次数的语言重复能够达到的效果①

次数	效果
第一次	强烈的心理排斥
第二次	尚存在排斥心理

---

① 谷晨. 现代生活方式与青少年健康——e 时代的健身方略[M]. 南昌:江西科学技术出版社,2009.

续表

次数	效果
第三次	能够认识并在某种程度上承认错误
第四次	能够全面承认错误
第五次	开始被"同化"
第六次	完全被"同化"

(三)通过改善饮食调节心理

(1)注意减少咖啡因的摄入量,少饮用含有咖啡因的饮品,如绿茶、咖啡、可乐等;少食用含有咖啡因的食品,如各种巧克力、抹茶、可可制品等。

(2)多食用富含纤维的谷物,如各种全麦食品、各种粗粮、豆类食品等。

(3)控制糖分的摄入。

(4)控制加工食品的食用量,尽量选择没有经过精加工的绿色食品。

(5)保证充足的新鲜蔬菜和水果的摄入量。

(6)适量服用维生素和矿物质相关的保健产品,保证充足的摄入量。

(7)重视早餐。

(8)减少使用烟熏、烧烤、腌制食品。

第三节 积极防治常见病

一、近视眼的预防与治疗

(一)近视眼的预防

(1)限制用眼时间,每用眼 1 小时需要适当休息 5～10 分钟,一天内的总用眼时间不宜过长。

（2）保持正确用眼姿势，避免以趴、卧等姿势看书或者电子产品。

（3）纠正看书、写字的距离，眼睛和书本之间的距离应该保持在 30 厘米以上。

（4）感受到视力下降或者视力时好时坏的情况时，应该及时进行检查，并按照医生的嘱咐采取相关措施防止视力继续下降。

（二）近视眼的治疗

1. 50～225 度近视

根据医生的要求佩戴眼镜，首次视力矫正到 1.0，复诊矫正到 1.2 即可。度数在这个范围之内时，眼镜应该只在看远处时使用。每半年进行一次验光，及时获悉视力的变化状况。

2. 225～500 度近视

该情况应用散瞳验光进行确诊，确诊后佩戴眼镜，此时佩戴的眼镜以整日佩戴为宜，视力矫正到 1.2 即可。配眼镜时首选贴片式或自动式远化境，可加用眼灵敏仪，增强治疗效果。

3. 近视情况加重过快

近视情况加重过快是指每年增加的近视度数在 100 度以上，这种情况下应该坚持每天整日时间佩戴眼镜，视力矫正到 1.2 即可。进行治疗时，应该用近视灵敏度仪配合贴片式远化镜或者台式远化镜使用。

4. 高度近视伴弱视（患者年龄在 8 岁以下）

根据度数配眼镜并且整日佩戴，视力需要矫正到最高水平，弱视也应该尽量矫正到 1.0 以上，以防因为高度近视引起眼底出血、视网膜脱落甚至失明。如果能配合远化镜和眼保健操仪一起使用，治疗的效果应该会更好。

5. 近视伴有 200 度以上的散光（或以散光为主的近视）

根据视力状况配眼镜，年龄在 10 岁以下应该整日佩戴，年龄在 10

岁以上可以只在看远处的时候戴,视力矫正应该到 1.2. 治疗首选眼灵敏度谐振镜(扩张眼球并缓解散光),有能力者可加用贴片式远化镜,治疗效果更佳。

二、脊柱弯曲的预防与治疗

(一)脊柱弯曲的原因

1. 坐姿不正确

导致青少年坐姿不正确的原因主要有两个,其一,没有养成良好的坐姿习惯,坐没坐相。其二,学校的桌椅和学生的身高不匹配,当课桌太高时,学生容易长期将身体向课桌的某一侧偏,这样会导致脊柱两侧的肌肉和韧带功能失调,形成脊柱侧凸;当课桌太低时,学生长期趴在课桌上会导致驼背,脊柱后凸。

2. 运动锻炼不足

运动锻炼能够很好地平衡脊柱两侧的肌肉和韧带的功能,防止脊柱弯曲。调查发现,重视运动锻炼的学校里学生发生脊柱弯曲的概率较小,而忽略运动锻炼的学校里学生发生脊柱弯曲的概率会比较大。因此,运动锻炼不足也是导致学生脊柱弯曲的重要原因之一。

3. 营养不良和疾病

营养不良和疾病也是导致青少年脊柱弯曲的原因之一。例如,缺乏维生素 D 和钙使骨质松软、肌肉松弛无力,造成佝偻病性驼背;患有脊柱结核、骨盆倾斜等都可引起驼背或侧弯。

(二)脊柱弯曲的预防和治疗

(1)从小树立预防意识,培养青少年的正确坐姿。

(2)学校和家长都应该注意配置和青少年身高匹配的桌椅;青少年看书、写字时应该注意从左侧采光;为青少年解压,避免书包过重,尽量用双肩包作为书包。

（3）鼓励青少年多参加运动锻炼，除了基本的体育课、广播体操之外，青少年每天还应该坚持一个小时的运动锻炼。应该注意锻炼内容和形式的多样性，使身体的各个部位都得到锻炼。此外，还可以在锻炼中特意加入一些能够有效锻炼脊椎、预防脊椎弯曲的锻炼项目，比如单双杠、平衡木、跳箱等。

（4）加强对学生的健康教育，使学生充分认识到脊椎弯曲的危害以及保护脊椎健康的重要性，帮助他们树立自觉保健的意识。

（5）定期进行脊椎相关的医学检查，做到早发现、早治疗。

三、龋齿的预防与治疗

（一）龋齿产生的原因

1. 细菌

细菌是龋病发生的必要条件，一般认为，致龋菌有两种类型，一种是产酸菌属，主要为变形链球菌、放线菌属和乳杆菌，可使碳水化合物分解产酸，导致牙齿无机质脱矿；另一种是革兰阳性球菌，可破坏有机质，经过长期作用，可使牙齿形成龋洞。

2. 口腔环境

口腔环境中能够引起龋齿的最主要的因素为食物和唾液。食物中的碳水化合物一方面能够帮助形成菌斑基质，另一方面又能够为菌斑中的细菌提供能量。一般来说，唾液对口腔环境有益，能够起到抗菌、抗酸、抗溶等作用，但是当唾液的质或者量发生变化时，就有可能引起龋齿，比如患有口干症的人群得龋齿的可能性就会增大。

3. 宿主

龋齿的宿主为牙齿，牙齿的形态、矿化程度和组织结构都会影响龋齿发生的概率。

4. 时间

从出现龋齿到形成龋洞一般需要经历 1.5～2 年的时间,在这个时间内只要细菌、口腔环境或者宿主有一个发生变化,龋齿就无法最终形成。

(二)龋齿的预防和治疗

1. 龋齿的预防

(1)注意口腔卫生。从小培养青少年良好的口腔卫生习惯,保证早晚两次刷牙、少吃甜食、饭后漱口、睡前不进食等。在牙刷的选择上,应该尽量选择刷头在 30 毫米以下、刷毛细软、牙刷材料健康安全的牙刷;在牙膏的选择上,可以选择对牙齿有益的含氟牙膏;刷牙时,可以采用竖向、横斜等多种手法结合的刷牙方式,清洁牙齿的每个部位。

(2)注意合理饮食。在饮食上,首先应该注意多吃富含维生素 D、钙质和矿物盐的食物,这些营养元素对保持牙齿健康有益;其次应该少吃过酸的食物,防止腐蚀牙齿;再者应该少吃甜食,过量甜食是造成龋齿的重要原因之一;最后还应该少吃过于坚硬的食物,防止牙齿磨损。

(3)口腔检查。定期进行口腔检查是预防龋齿的有效手段,一般可以每隔半年进行一次口腔检查,有利于龋齿的早发现、早治疗。

2. 龋齿的治疗

(1)药物治疗。药物治疗的使用情况一般是恒牙尚未成洞的浅龋和乳前牙的浅、中龋洞,常用的药物包括氨硝酸银和氟化钠等。

(2)牙齿填充。主要包括汞合金充填术、复合树脂充填术、酸蚀法光敏复合树脂充填术三种填充方法。汞合金充填术是一种最常见且效果最好的填充方法,一般备用在牙齿有实质性缺损的情况下;复合树脂填充术一般被用来填充前牙和不承担咀嚼力量的后牙洞;酸蚀法光敏复合树脂充填术一般被用在牙体缺损较多、固位较差和遮盖变色牙等情况下。

第四节　走出运动误区

运动误区包含运动时间、运动量、运动方式、运动内容等方面的误区,本节选取过度运动和运动损伤两个例子,具体阐述应该如何走出运动误区。

一、过度运动

(一)过度运动的类型

1.兴奋性过度运动

造成兴奋性过度运动的原因是在运动时对机体施加的运动负荷的强度过大。当发生兴奋性过度运动时,人们出现的症状一般被称为"热症",比如容易激动、烦躁不安、动作准确性降低、动作不协调、容易出现各种多余动作等。

2.抑制性过度运动

造成抑制性过度运动的原因是在运动时对机体施加的运动负荷的量过大。当发生抑制性过度运动时,人们出现的症状一般被称为"冷症",比如精神萎靡不振、注意力无法集中、四肢无力、反应迟钝、动作迟缓、运动素质下降等。

(二)过度运动的具体原因

表8-3从运动方面、生活方面和健康方面三个角度,列举了各种可能产生过度运动状况的具体原因。

表 8-3 过度运动的具体原因[①]

运动方面	生活方面	健康方面
运动方法不当	白天生活无规律	感冒发烧
运动内容过于单调	夜间睡眠不足	各种肠胃疾病
运动强度增加过猛	嗜烟或酗酒	扁桃体炎症
运动负荷量过大	沉迷于电子产品	过敏症状
恢复时间太短	居住条件太差	
恢复方法不当	工作、学习过于紧张	
运动过于频繁	人际关系不顺利	
运动目标过高	爱情不顺利	
生病受伤后过早运动	家庭负担重	
	营养不良	

(三)过度运动的预防和消除

过度运动能够导致机体损伤、造成人的免疫力下降,还会使人的运动能力受到损害。因此,应该保持适量运动,采用各种方法从各方面预防过度运动,发生过度运动之后应该采取积极的措施消除伤害。

1. 过度运动的预防

(1)制订合理的运动计划。在制订运动计划的时候,要充分考虑自己的运动基础和个人特点,制定的运动目标不宜过高,运动负荷应该保持在自己能够承受的范围之内,可以选择一些比较具有趣味性的运动方式,具体的运动内容可以根据自身的兴趣和运动需求确定。

(2)形成良好的作息习惯。高质量的休息对于防止过度运动非常有效。在生活中要注意劳逸结合,保持充足的睡眠时间,形成有规律的生活习惯。

(3)保持健康的饮食习惯。健康的饮食习惯是人们获取合理营养的保证。饮食结构要合理,保证糖、脂肪和蛋白质等能源物质的比例要恰当,还要保证能够从食物中获得适量的维生素和各种矿物质。

---

① 康喜来,万炳军. 青少年运动训练原理与方法[M]. 西安:陕西师范大学出版社,2012.

（4）加强医务监督。在生活中要时刻注意自己身体的各种变化,一旦身体出现不适要及时就医检查,加强生活中的医务监督,预防各种疾病。人们可以采取以下两种简便的方式为自己进行医务监督。

①每天起床之后,利用一分钟的时间测量安静时的脉搏跳动频率,如果出现脉搏跳动频率过快或者每天持续上升的情况,应该减少运动的负荷,严重的情况下应该就医检查。

②每天早晨排便之后、进食之前测量体重,记录体重的变化,如果在没有刻意进行减肥的情况下,发生体重持续下降的情况,应该注意自己是否进行了过度训练,严重时应该立即就医检查。

2. 过度运动的消除

（1）及时发现症状。在开始运动之前应该了解一定的运动知识,知道过度运动的概念。在运动时密切关注自己的身体状态,与过度运动的情形进行对比,判断自己是否出现了过度运动的状况,及时发现症状,以防长期过度运动给身体带来巨大伤害。

（2）处理方法。在发现自己出现了过度运动的状况时,应该及时调整自己的运动计划。首先,应该减少运动负荷,调整运动负荷至自己可以承受的范围之内;其次,可以转变运动的内容和运动的方式,使运动内容和运动方式更加多样化,更加具有趣味性;再者,要保证充足的睡眠,提高自己的休息质量;最后,要保证运动后的营养供给,保持合理的饮食结构。

此外,最重要的是要找出导致过度运动的原因,只有对症下药,才能药到病除。

二、运动损伤

（一）韧带肌肉拉伤

1. 发生原因

（1）内因。运动基础水平较差,身体的力量素质、柔韧性、协调性比较差。

（2）外因。准备活动不充分,身体未进入运动状态;运动方式和运动内容不合理;场地、器材等原因。

2.预防

选择合适的运动场地、运动器材等;运动之前进行充足的热身准备;确定合理的训练方式和训练内容。

3.处理方式

24小时前为急性期,停止运动、冷敷、包扎、抬高受伤部位;21小时后为恢复期,配合按摩、微动、康复或恢复性锻炼

(二)关节扭伤

1.发生原因

(1)内因。技术掌握不到位;身体协调性比较差;关节周围肌肉力量小;生理结构不佳。

(2)外因。热身准备不充分;场地比较滑;运动器材使用不当。

2.预防

进行充分的热身运动;了解运动器材的使用方法;放慢练习进度、循序渐进。

3.处理

基本上和韧带肌肉拉伤的处理方式一致,见上文。

(三)脱臼

1.表现

(1)脱臼部位的软组织受伤,表现出来为关节处肿胀、疼痛等。

(2)关节无力,不能活动。

2.原因

一般是由间接外力导致,比如摔倒时用手撑地可能会导致肘关节脱

臼或者肩关节脱臼。

3. 预防

（1）认真做热身运动，热身时可以做一些环绕、伸展的动作，让身体关节充分活动。

（2）运动之前检查运动场地和运动器材，确保场地和器材的安全性。

（3）做好运动保护措施，尤其保护关节部位不受伤害。

（4）尽量做在自己把握范围之内的运动，避免贸然挑战危险动作。

（5）在运动时尽量避免发生冲撞动作。

4. 处理

首先，发生脱臼状况时应该尽量保持冷静，不要揉、碰或者活动脱臼部位。其次，如果发生脱臼状况的是肩关节，可以先把肩部摆成直角的状态，再用三角巾将前臂和肘部托起并挂在颈上，再用一条宽带缠过脑部，在对侧打上结；如果发生脱臼状况的是髋部，则应该立即让病人躺在软卧上送往医院。

（四）骨折

1. 表现

（1）闭合性骨折。闭合性骨折是指发生骨折时，皮肤表面没有损伤和伤口，断骨不与外界相通的骨折。

（2）开放性骨折。开放性骨折是指发生骨折时，断骨的尖端刺穿了皮肤，皮肤表面受到了损伤，有伤口或者发生的出血状况。

2. 原因

（1）运动中受到外力撞击或者发生了摔倒等情况。

（2）长时间进行某种运动，积累性外力使身体某处的骨骼负担过重，疲劳过度，发生骨断裂。

（3）肢体运动不协调或者某种原因导致筋肉强力牵拉时，将筋肉附着处的骨头撕裂，造成骨折。

3. 预防

运动之前做好充分的热身工作,使身体进入运动状态;运动时要增强保护意识,避免因为粗心造成运动伤害;尽量避免各种危险动作。

4. 处理

首先,如果发生的是开放性骨折,要进行外伤的处理,用酒精消毒之后用纱布做止血处理,如果发生的是闭合性骨折则无须进行这一步。

其次,为了避免在送医的过程中因为颠簸加重伤势,应该在送医之前将受伤的部位用木板等固定起来;如果手边没有固定受伤部位的物品,若骨折的是上肢,可以弯曲肘关节将受伤部位固定在躯干上,若骨折的是下肢,可以将腿和脚伸直,利用另一侧腿固定受伤部位。

再者,如果怀疑脊柱部位发生了骨折但是又不能确定,应该立刻平躺,用衣服、被单等物品将躯干四周垫好,不能随便移动身体,也不能抬头,否则可能会导致脊髓损伤或者截瘫。

最后,如果发生骨折之后又昏迷,应该采取俯卧的姿势躺下,头向身体的一侧转,一旦发生呕吐状况,这样可以避免将呕吐物吸入肺部导致窒息;如果是颈椎骨折,需在头颈两侧置枕头或扶持患者头颈部,不使其在运输途中发生见动。

(五)腰肌劳损

1. 原因

腰部肌肉长期处于紧张状态,形成损伤性炎症;急性腰部外伤治疗不当,迁移造成慢性腰肌劳损。

2. 预防

掌握正确的运动技术;运动难度和运动量的增加要循序渐进,不能急于求成。

3. 处理

避免过度运动,纠正不正确的运动姿势和运动技术;加强对腰背肌肉的锻炼,增强肌肉能力;利用按摩、理疗等方式帮助肌肉放松,防止肌肉长期处于紧张状态。

(六)运动腹痛

1. 原因

(1)呼吸痉挛。运动之前的热身活动不充分,没有充分调动肺部机能,肺部摄入氧气的能力差;运动节奏和呼吸节奏不协调。

(2)胃肠痉挛。运动时间和进食时间之间的间隔过短;运动之前吃得太饱或者饮水太多;肠胃功能弱或者患有肠胃疾病。

2. 处理

减慢运动速度,调整呼吸节奏,使运动节奏和呼吸节奏协调一致;多进行深呼吸,增加摄氧量;运动之前合理、适量饮食和饮水;合理安排运动时间和进食时间之间的间隔;进行肠胃调理。

(七)脚底筋膜炎

1. 原因

(1)脚底承担的压力过大,一般是由鞋子不合适、脚掌的生理结构不适合某些运动导致的。

(2)过多的钙质沉淀在脚跟骨上。

2. 预防

在进行运动热身时不能忽视脚部的热身。

3. 处理

进行对自己的脚步生理结构友好的运动项目;经常热水泡脚、脚部按摩,使脚部得到充分的休息和放松。

参考文献

[1]孙丽娜.大学生体育与健康研究[M].北京:煤炭工业出版社,2017.

[2]陈汉英.学校心理健康护照[M].杭州:浙江大学出版社,2019.

[3]徐雅金,戴岳华,王丽晶.青少年身心健康常识[M].南昌:江西科学技术出版社,2015.

[4]赵平花,徐华.新世纪青少年体育运动与健康[M].太原:山西科学技术出版社,2002.

[5]曲宗湖.青少年学生形体教育[M].北京:人民体育出版社,2002.

[6]康喜来,万炳军.青少年运动训练原理与方法[M].西安:陕西师范大学出版社,2012.

[7]谷晨.现代生活方式与青少年健康——e时代的健身方略[M].南昌:江西科学技术出版社,2009.

[8]冯世杰,张新晖.青少年心理健康护照[M].杭州:浙江大学出版社,2011.

[9]张大均,郭成.青少年心理健康教育[M].重庆:重庆出版社,2006.

[10]兰自力.学校体育与心理健康教育[M].北京:北京体育大学出版社,2015.

[11]刘丹,赵刚.青少年足球训练纲要与教法指导[M].北京:人民体育出版社,2011.

[12]郭会文,王成君.制约我国青少年身体健康发展的影响研究[J].南方农机,2019,50(02):135.

[13]胡曼玲,刘畅.普通高中体育与健康课程建设的探索与实践[J].体育科技文献通报,2013,21(04):68-70.

[14]许春芳.实施体育与健康课程标准 全面提高学生健康水平[J].陕西教育学院学报,2002(03):91-93.

[15]吴河海等.蛙泳技术与练习[M].北京:人民体育出版社,2001.

[16]吴旭光.体育·健康促进·安全[M].北京:地震出版社,2007.

［17］傅永吉，王琪，杨春桃等.青少年健康人格与养成［M］.北京：北京理工大学出版社，2012.

［18］梁晓明，刘德纯，李作栋.青少年健康道德人格培养新概念［M］.拉萨：西藏人民出版社，2001.

［19］张秀玲.青少年道德人格问题及对策研究［J］.南方论刊，2011（05）：60-61.

［20］包卫.青少年儿童道德人格的问题表现与培养对策［J］.怀化学院学报，2010，29（06）：127-130.

［21］马新春.学校体育中的道德教育研究［D］.石家庄：河北师范大学，2011.

［22］高景丽.体育教学与学生健全人格的培养［J］.黑河教育，2021（04）：75-76.

［23］陈亚飞.当代中学生人格现状与发展策略研究［D］.烟台：鲁东大学，2015.

［24］李贵勇，锁冠侠.青少年应急避险手册［M］.兰州：甘肃人民出版社，2010.

［25］江乐兴.青少年最实用的生活百科丛书 应急救护［M］.北京：朝华出版社，2012.

［26］大连市安全生产监督管理局.青少年安全教育常识读本［M］.北京：知识产权出版社，2009.

［27］周蕾.思想政治教育视角下的大学生校园暴力问题防范对策研究［D］.武汉：湖北工业大学，2019.

［28］余建斌.校园暴力的防范与价值观教育［J］.贵州民族学院学报（哲学社会科学版），2007（01）：177-179.

［29］胡春丽.中小学校园暴力事件的成因及防范——兼论中国惩戒教育法规的缺失［J］.郑州师范教育，2019，8（03）：11-16.

［30］刘奕伽.河南省普通高校体育运动安全教育调查研究［D］.开封：河南大学，2016.

［31］季建成.体育与生命安全教育［M］.北京：北京体育大学出版社，2012.

［32］李英丽，胡元斌.学校运动安全与教育活动［M］.合肥：安徽人民出版社，2012.

［33］李彦龙，曹胜，陈文静，肖平，冯鑫.深化体教融合促进青少年健

康发展的政策分析[J].哈尔滨体育学院报,2021,39(02):31-36.

[34]钟秉枢.问题与展望:体教融合促进青少年健康发展[J].上海体育学院学报,2020,44(10):5-12.

[35]刘爱玲.新时代我国高水平竞技运动员培养的教体融合模式研究[D].南昌:江西师范大学,2020.

[36]李爱群等.理念·方法·路径:体教融合的理论阐释与实践探讨——"体教融合:理念·方法·路径"学术研讨会述评[J].武汉体育学院学报,2020,54(07):5-12.